中国当代图书馆
馆 长 文 库

问道书渊

图 书 馆 工 作 偶 拾

倪晓建 著

上海科学技术文献出版社
Shanghai Scientific and Technological Literature Press

图书在版编目（CIP）数据

问道书渊：图书馆工作偶拾 / 倪晓建著．—上海：上海科学技术文献出版社，2014.8
（中国当代图书馆馆长文库）
ISBN 978-7-5439-6320-7

Ⅰ．①问… Ⅱ．①倪… Ⅲ．①图书馆工作—研究 Ⅳ．①G25

中国版本图书馆 CIP 数据核字（2014）第 148182 号

责任编辑：曹文青
装帧设计：许　菲

中国当代图书馆馆长文库
问道书渊：图书馆工作偶拾
倪晓建　著
出版发行：上海科学技术文献出版社
地　　址：上海市长乐路 746 号
邮政编码：200040
经　　销：全国新华书店
印　　刷：上海中华商务联合印刷有限公司
开　　本：850×1168　1/32
印　　张：6.125
字　　数：137 000
版　　次：2014 年 8 月第 1 版　2014 年 8 月第 1 次印刷
书　　号：ISBN 978-7-5439-6320-7
定　　价：35.00 元
http://www.sstlp.com

出版说明

当前，我国正在实施推动社会主义文化大发展大繁荣、建设社会主义文化强国的战略国策。作为积聚知识、传播信息的当代图书馆活动，在公众生活中正发挥着越来越重要的作用；而活跃在当代中国图书馆活动第一线的各位馆长，则肩负着推动国家与民族文化建设的历史责任。他们在致力图书馆管理实践的同时，还在各自的专业领域从事着多种学术研究，在文献资源建设、创新图书馆发展、社会文化服务等不同领域，形成了众多研究成果，并得到了图书馆界同仁的认可。

上海图书馆所属的图书馆杂志社与上海科学技术文献出版社，多年来致力于图书馆业界的宣传推广，努力成为图书馆事业发展的前沿阵地。为此，两单位联袂发起、编纂系列丛书《中国当代图书馆馆长文库》，旨在汇集出版当代中国著名图书馆馆长的主要学术成果，记录改革发展进程中我国图书馆事业的发展轨迹，宣传当代中国图书馆活动的科学实践，交流源于实践一线的当代图书馆学最新成果。希望能够为未来的中国图书馆活动提供理性的参考，也为当前全国的公共文化建设提供一份助力。

《中国当代图书馆馆长文库》的各位作者，作为图书馆转型时代的亲历者和领航人，他们的知与行，见证了当代图书馆事业大变革的历程，缔造了当代图书馆事业大变革的格局。读者能从中感受到领航者激情开拓、坚守志业的精神和风骨。与此同时，《文库》还收录了部分馆长的散文随笔，让读者于他们的信手闲笔中，更多地发现思想的渊源和所能抵达的美妙境界。

希望《中国当代图书馆馆长文库》能够成为记录中国当代图书馆事业家思想结晶的碑版，成为传播当代中国图书馆事业家智慧成果的媒介。

作者简介

倪晓建，1952 年生于山东冠县。1977 年毕业于北京大学图书馆学系，1981 年武汉大学图书馆学系目录学专业研究生毕业并获文学硕士学位。1981—2000 年执教于北京师范大学信息技术与管理学系，2001 年起任职于首都图书馆。现任首都图书馆馆长，兼任中国图书馆学会副理事长、中国社科情报学会副理事长，北京图书馆协会理事长，北京大学信息管理系、中国人民大学、北京师范大学兼职教授，博士生导师，文化部国家公共文化服务体系建设专家委员会委员，北京市人民政府专家咨询委员会委员，国家社会科学基金学科评审组成员，担任《中国图书馆学报》等多家核心学术期刊编委，获国家级、省部级教学与科研成果奖近十项，被北京市授予优秀教师和先进工作者称号，享受国务院政府特殊津贴。

目 录

世界城市建设中图书馆发展的思考*

北京市第十一次党代会提出了建设中国特色世界城市的战略目标，要求在公共文化服务质量上达到世界先进水平；同时指出，要发挥首都各文化联盟的作用，推动公共文化服务均等化，更好保障人民群众的基本文化权益。围绕世界城市建设和世界先进水平的重大决策，北京市委市政府及市文化局以高度的文化自觉和历史使命感，对公共文化特别是图书馆提出了一系列在未来发展中躲不开、绕不过的课题，并强调要以高端引领、科学创新的理念设计思考图书馆事业的发展，使图书馆的各项指标达到世界城市的水平，成为首都文化的辐射源、学习型城市的策源地、世界城市建设的智慧库。

面对世界城市建设及图书馆发展的使命，图书馆应在以下三个方面做出努力和回答。

1. 以世界领先的视角思考图书馆的发展与未来

北京作为全国的政治中心和文化中心，是世界著名古都和现

---

* 原载于《首都图书馆联盟》，2012 年第 1 期。

代国际城市。作为支撑世界城市建设、提升城市文化品质和市民文化素养、维护社会和谐、促进城市经济和社会发展、代表城市形象重要组成部分的图书馆，应以世界领先为目标，研究制定图书馆发展指标体系。

为了推进全国公共图书馆事业持续发展，文化部从20世纪90年代起就开始制定《公共图书馆评估标准》，标准按省级、地市级、县级三级分别制定，每四年进行一次评估定级。2012年修订的“标准”包括设施设备、馆藏资源、用户服务、协作协调、管理、人员、重大文化工程建设七大部分，二级项目37个，三级项目98个，总分值1 000分。

关于国际大都市图书馆指标体系，在对巴黎、伦敦、纽约、东京以及北京、上海等城市的图书馆进行调研分析的基础上，学术界提出了资源条件、服务效能、服务成果、影响贡献四大部分，二级项目14个，三级项目45个的指标体系。

综观地说，中国及国际大都市图书馆的指标体系，就评估对象而言，一是评投入（政府、社会），二是评产出（服务、社会影响）。国际上包括中国都把读者服务作为重要的评估指标，并放在首要位置，如国际指标体系中设有千人年均注册读者数、千人年均到馆次数、图书馆主页点击率、注册读者年均图书资料外借量、读者计算机设备利用率、阅览座位利用率、读者对馆员的满意度、读者对网站的评价反馈以及由服务而产生的社会影响等。

北京地区图书馆发展指标体系的构建，首先要充分认识自身的历史传统优势、文化资源优势、教育水平优势、文明素质优势以及综合发展优势；其次要明确图书馆建设的战略任务，特别要在图书馆覆盖率（服务半径）、馆服务人口数量、人均文献拥有量、文献资源利用率以及社会贡献和影响等方面进行量化，各项发展指标要达到世界城市的水平；第三要明确各级政府的责任。联合国教科文组织和国际图书馆协会联合会颁布的《公共图书馆服务宣言》指出，“公共图书馆是国家和地方当局的责任”。政府投资建设图书馆是国际通则。与此同时，要制定鼓励社会参与的政策和规定，全面调动社会关注图书馆建设的积极性，通过制度设计及世界城市图书馆指标体系的构建和实施，形成世界认同的北京模式。

2. 以高端前瞻的理念设计图书馆的服务与品牌

理念决定未来，品牌代表水平。图书馆的核心和生命力是服务，而服务是无止境的。信息技术的发展，百姓多方位的需求，北京文化的资源以及世界城市建设的要求，都为图书馆的服务创新、服务品牌的顶层设计提供了新的动力和机遇。在世界城市建设中，要让理念改变图书馆的服务方式，让理念改变图书馆的社会形象，让理念改变市民的文化生活。

在服务创新理念指导下，首都图书馆策划创建了《北京记忆》。它是世界上第一个地方性大型多媒体数据库，向世界展现了北京数千年的发展轨迹，是特色文献数字化的国际品牌。《少儿动漫在线》是首都图书馆自己创建的又一服务品牌，面向广大未成年人，推出“绿色网络”文化，在国内外引起广泛关注。自助图书馆、数字化文化社区、流动图书馆、全城异地借还系统、全覆盖的文化共享工程、文化展览、首图讲坛、市民档案、市民空间等都为改变和提升图书馆的服务和形象奠定了基础。在继续提高现有品牌体系的同时，要在高端引领理念指导下，面向世界设计策划新的服务品牌，不断丰富和完善具有世界水平的服务品牌体系。

开办“世界讲坛”。作为国际化大都市，一方面各国驻华使馆人员、来华投资访问人员、在华工作人员不断聚集，他们需要了解北京、了解中国；另一方面北京市民与海外交往日益频繁，留学进修、探亲访友、工作旅游，他们需要了解世界，了解各国的政治文化。以图书馆为平台开办世界讲坛，邀请中国的专家学者面向外国朋友讲北京、讲中国，邀请外国的专家、使节面向市民讲外国。在实施过程中，充分发挥图书馆联盟的作用，利用高校留学生、外教集中的资源优势共同策划组织。同时，也要充分调动各国使馆人员的积极性，加强联系，分别举办美国、日本、法国、英国等各国的文化周，形成世界讲坛系列。

完善“世界走廊”。利用图书馆的中心通道，首都图书馆从2003年起，建立了与中国建交近200个国家和地区的知识展墙，市民走进图书馆在行进中就可了解各国、各地区的政治、经济、文化、民俗及地球上的所在位置等信息。建设世界性城市，市民需要多视角动态地了解世界。“世界走廊”的展现技术、形式、内容需要全面更新，利用声、光、电技术，展示世界，给市民以全新的视角看世界。在动态内容等方面，和各国使馆的文化官员合作，采取共建的方式，使展示的内容不断更新。各国使馆需要宣传国家的文化，市民需要了解各国的文化。

此外，还应策划世界城市图书馆战略合作论坛，以服务品牌为主题，进行交流研讨和展示；以功能定位为主题，研讨世界城市图书馆的服务和社会贡献。

关于服务品牌的设计，要秉承有利于提高百姓的文化修养和知识能力，有助于推进世界先进服务水平实现的理念，不断完善，不断开拓。

3. 以创新务实的改革构建图书馆的服务体系

北京市第十一次党代会提出，率先建成城乡一体化公共文化服务体系，完善市、区县、街道（乡镇）、社区（村）四级服务网络，用信息化、数字化提升服务水平。文化部颁布的《全国公共图书馆事业发展“十二五”规划》中也提出，逐步建立覆盖城乡、结构合理、方便快捷、惠及全民的服务网络。

北京市非常重视图书馆服务体系建设，在发展规划、政策制定、经费投入等方面采取了一系列的措施，走在了全国的前面。由于行政体制等原因，目前的图书馆服务体系与巴黎、伦敦、纽约、东京等城市的服务体系相比，还存在着较大差距，需在体制的安排上、体系的设计上、政策的制定上解放思想，以创新引领的气魄，加快构建与世界城市建设相适应的图书馆服务体系。

（1）充分发挥首都图书馆联盟合作共享的功能

联盟是图书馆未来发展的趋势，特别是区域性联盟在合作共享方面具有很大潜力。首都图书馆联盟十项惠民措施就充分展示了服务、合作、共享的广阔空间，也体现了中国图书馆学会2009年发布的《图书馆服务宣言》的主旨思想，即“图书馆向读者提供平等服务，各级各类图书馆共同构成图书馆体系，保障全体社会成员普遍均等地享有图书馆服务”，“各地区、各类型图书馆加强协调与合作，促进全社会信息资源的有效利用”。

学校图书馆面向社会开放，承担为市民服务的责任，是国际图书馆界的共识。学校图书馆、公共图书馆、科研图书馆在服务职能上是一致的，在资源的属性上也是相同的。面向社会服务，共同构建图书馆服务体系，是各系统图书馆共同的意愿。在构建图书馆服务体系过程中，市政府应出台相应的政策规定，引导规范学校、科研系统图书馆的开放与服务，形成科学可持续发展的合作共享服务体系。

（2）构建北京特色的总分馆体系

和全国一样，北京目前的公共图书馆管理体制是由市、区县、街道（乡镇）、社区（村）分层管理，无论区域面积大小、居住人口多少，各级政府均设立一座图书馆。这种按行政区划设馆，各自管理的体制，在过去发挥了一定的作用。面对全覆盖、大服务、公益性、基本性、均等性、便利性的严峻形势，现行的管理体制已不适应世界城市建设及图书馆发展的要求，应根据地域、人口等具体情况规划图书馆的布局，均衡文献资源，配置服务设备，选配从业人员。

根据国际大都市及我国总分馆建设的实践，北京市的总分馆体系建设可分为两个阶段：

第一阶段，建立起以首都图书馆为业务指导馆、以区县图书馆为中心馆、以街道（乡镇）为二级图书馆、以社区（村）为三级图书馆（室）的总分馆体系。区县图书馆负责事业发展经费、从业人员、资源配置，以及二级、三级图书馆的布局、设置、管理，特别是各级图书馆的分布、服务人口、服务半径、文献资源的配置。区县政府要打破行政区划的界线，把辖区作为一个整体进行规划布局，实现服务人口、服务半径、服务资源的合理化、均等化、科学化。

第二阶段，建立起以首都图书馆为总馆、以区县图书馆为分中心馆、以各区域图书馆为基层馆的服务体系。这种总分馆体系是在第一阶段发展成熟、稳定的基础上构建起来的。它以全市作为一个整体，统一管理和规划，实现更科学、更高层次的图书馆布局、资源配置、人员管理、服务规范及绩效贡献，达到或超越世界城市图书馆服务评估指标的水准，引领世界图书馆的服务模式。

（3）积极引导鼓励社会参与图书馆服务体系建设

2002年颁布的《北京市图书馆条例》中规定：本市鼓励自然人、法人和其他组织兴办图书馆，或者以捐赠资金、文献信息资料、设备等形式资助图书馆事业发展。

北京市现有私人图书馆（室）30余家，尽管这些图书馆文献数量不多，服务不规范，严格地说还算不上国际定义下的图书馆，但是它们已打起了“图书馆”这面旗帜，开始了一定程度的服务，政府应采取积极措施给予引导和支持。

北京市拥有世界上著名的公司企业，有数量可观的名人富商，有为数众多的慈善机构和基金会，他们对公益事业有很高的热情。应制定相应的规定和政策，鼓励引导他们参与图书馆建设。

志愿者是图书馆服务的重要力量，积极吸引志愿者参加图书馆的管理和服务是世界城市建设的积极因素。志愿者既是图书馆的服务者，也是图书馆的读者，同时也代表着城市和图书馆的形象。 组织一支充满活力、积极向上的志愿者队伍，对提高图书馆服务质量和水平，营造公共文化场所和谐气氛，体现城市精神风貌都有积极意义。

关于国家文化中心建设中北京市公共图书馆体制改革的建议*

中央要求北京在10个方面为全国发挥示范带头作用，其中要求在构建覆盖城乡的公共文化服务体系方面发挥示范带头作用，公共文化服务体系要体现公益性、均等性、基本性、便民性。

北京市委常委为此专门召开会议研讨落实中央精神，并且指出，北京在落实科技创新、文化创新“双轮驱动”的同时，重点要在体制机制创新方面发挥示范带头作用，为全国创造新经验；强调要深入研究，出思路、出办法，以创新为中心，以改革为动力，以体制创新为突破口，为把北京打造成具有重大国际影响力的文化中心提出切实可行的计划和措施。

北京市的公共图书馆建设目前处于全国领先地位。2010年文化部在对全市区县以上图书馆评估中，所有区县馆均被文化部授予一级馆称号，这在全国各省市中是仅有的。北京在数字图书馆及多媒体数字资源建设中走在全国的前面，特别是《北京记忆》大型多媒体数据库在世界上享有较高声誉；“首图讲坛”及各

* 2011年9月给北京市人民政府关于公共文化建设的建议(作为北京市人民政府专家咨询委员会委员的建议，已获市政府立项研究)。

区县图书馆组织的讲座每年数千场，受到百姓的欢迎；数字化文化信息资源通过网络已传送到全市的 3 975 个行政村，实现了全覆盖；全市异地借还书服务、24 小时自助图书馆服务、汽车图书馆服务等均取得了很好的社会效益。根据“十二五”规划，以首都图书馆为中心的全市公共图书馆建设与服务要走在世界的前列。要实现这个目标应该在管理体制上进行改革，建立全市集中管理的总分馆模式，对图书馆的设施、文献资源、服务规范、人员及经费实行分布式集约化管理，使公共图书馆的服务体系、社会效益走在全国的前面，为全国乃至世界的公共图书馆管理体制创造新经验。

北京市公共图书馆现行的管理体制，为我国一直沿用的逐级设置管理的模式，即每个区县、街道（乡镇）、社区（行政村）建立一个图书馆（室），馆舍的面积规模、人员编制、文献数量、设备技术、服务方式等由各级政府及文化部门决定。目前全市有 1 座市级图书馆、24 座区县级图书馆（含区少年儿童图书馆）、325 个街道（乡镇）图书馆（室）、3 741 家社区（行政村）图书馆（室）（约占总数的 50%）。

这种在计划经济体制下按行政机构编制设立图书馆的管理运行体制，随着社会的进步、经济的发展以及百姓日益增长的文化需求，已很难适应文化大繁荣大发展的要求，也不能充分体现公共文化服务体系的公益性、均等性、基本性、便民性。其弊端有以下几点：

一是图书馆（室）的设立呆板机械，缺乏灵活性。区域的面积不管大小、人口数量不管多寡均设一馆，如朝阳区（455.08 平方公里、常住人口 318 万）、石景山区（84 平方公里、常住人口

60万）按照机构编制，各设一座区图书馆。更为突出的是天通苑、回龙观、亦庄开发区等新建的数十万人口的大型居住区，图书馆的设置却是空白地带，这里的居民享受不到均等便利的公共文化服务。这种把图书馆当做一级机构而设立的体制，阻碍了全覆盖公共文化服务体系的建设，以地域及人口需要而布局的图书馆网络体系难以形成。

二是图书馆的发展缺乏持续性。区县图书馆的运行依赖各区县政府，由于各区县认识上的差异，对图书馆重视、投入差别很大。如有的区县馆年文献购置费100多万元，而有的区县馆仅为20万元。近几年，为了达到全市人均1册书的目标，市财政每年给每个区县图书馆转移支付100万元左右的文献资源购置费，然而这些专项经费不但没有合理使用，有的区县还挪作他用。馆舍面积有的区县达1万多平方米，有的区县仅3 000多平方米。2010年作为市政府折子工程，每个街道（乡镇）建一座图书馆（室），经过努力协调全市每个街乡都完成了建设任务，但今年已有35个图书馆（室）因各种原因闭馆，停止向百姓服务。目前这种管理体制使得区县、乡镇、社区图书馆（室）很不稳定，形成不了一个发展的常态，无法承担起保障百姓基本阅读权益的职责。

三是制约着全市公共文化服务体系的构建。公共文化服务体系建设是当前及今后一个时期文化建设的重要任务，文化部也在积极推进国家公共文化服务体系示范区建设规划。作为一个体系建设，全市应进行整体规范布局，统一认识，统一标准。目前的各级图书馆（室）在服务的内容、方式、现代信息技术设备条件、从业人员的业务水平及录用的条件标准、文献加工的规范以及薪酬收入等方面都有不小的差异，这些方面的不统一，直接影响着公共文化服务体系建设。

为了构建一个科学、持续、高效、可操作的公共图书馆服务体系，为了满足百姓文化阅读的需求，使公共文化服务做到公益性、均等性、便民性，有必要对现行的公共图书馆管理体制进行改革，在市政府统一领导下，建立起以首都图书馆为总馆、各区县为分馆、街道乡镇及社区行政村为三四级基层馆的公共图书馆服务体系，实行经费、业务、人员、服务及布局的统一管理。这种打破行政区划、实行统一管理的体制在全国为首创，能有效推进全覆盖的公共文化服务体系建设，也可为全国的公共文化服务体系建设提供示范作用。

实行全市统一管理的总分馆制，其可行性和科学性是明显的：

其一，公共图书馆是公益性单位，都是各级政府投资兴建的，不存在资产变更及债权债务问题，实行统一管理只是变各级政府分散投入为全市按需合理的科学投入；

其二，全市统一管理，可打破行政区划的束缚，对全市的图书馆（室）建设实现均等分布，根据区域的人口、行走的距离等实际情况，对图书馆进行设计布局，把图书馆真正建设成市民身边的大书房；

其三，全市作为一个体系建设，在文献资源的配置、技术设备的采用、从业人员的录用及培训标准、服装及标识（logo）、市民服务的内容与途径以及经费的调配等方面，都能做到集约化、合理化、便民化。

以上建议曾和部分区县文委主任和图书馆馆长交流探讨过，

认为把全市公共图书馆作为一个整体建设，既可以有效提升服务水平和社会效益，也符合北京市关于打造具有重大国际影响力的文化中心的发展战略。

以上建议，仅供市政府作决策时参考。

关于变革公共图书馆管理体制的思考*

现行的公共图书馆管理体制是由各级政府分别管理，图书馆的事业经费、人员编制、薪酬待遇、服务方式等由所属行政区划的政府拨付和管理。这种管理体制是计划经济时代的产物，在过去也曾发挥了一定的作用。公共图书馆事业发展到今天，这种由行政区划逐级管理的体制不再适应今天图书馆事业的发展，相反对事业的科学发展、服务水平的提高、信息资源的整合、人才素质的提升以及公共资源的有效利用形成了一种制约。

为了我国公共图书馆科学、持续、常态的发展，为了提升我国公共图书馆的整体水平，为了提高资源、人员、现代信息技术的管理层次，应把现行的逐级分散管理的体制变革为统一集中的管理体制，实行行政区域内的总分馆制。

1. 问题的提出

（1）国家重视公共图书馆事业的发展

《国家十一五时期文化发展规划纲要》【中办发 2006 年 24

---

* 原载于《公共图书馆》，2009 年第 4 期。

号】提出：以实现和保障公民基本文化权益、满足广大人民群众基本文化需求为目标，坚持公共服务普遍均等原则，兼顾城乡之间、地区之间的协调发展，统筹规划，合理安排，形成实用、便捷高效的公共文化服务网络。县（市）图书馆逐步实行分馆制，丰富藏书量，形成统一采购、统一编目的图书馆配送体系，充分发挥县图书馆对乡镇、村图书室的辐射作用，促进县、乡图书文献共享。

2007年6月，中共中央政治局召开会议，研究加强公共文化服务体系建设。会议提出了建设公共文化服务体系的目标任务是：按照结构合理、发展平衡、网络健全、运行有效、惠及全民的原则，以政府为主导，以公益性文化单位为骨干，鼓励全社会积极参与，努力建设公共文化产品生产供给、设施网络、资金人才技术保障、组织支撑和运行评估为基本框架的覆盖全社会的公共文化服务体系。

2007年8月，中共中央办公厅和国务院办公厅下发了《关于加强公共文化服务体系建设的若干意见》，其中要求：创新公共文化服务运行机制，加强对公共文化服务体系的领导。

国家对包括公共图书馆在内的公共文化服务体系建设非常重视，但是，在有关构建公共文化服务体系的文件及讲话中，还没有明确地触及管理体制问题。

（2）公共图书馆的合作

近年来，我国公共图书馆得到了快速发展，无论在经费保障、设施条件、文献资源建设、服务绩效还是服务理念等方面都有了量和质的变化。事业的发展，促进了区域内乃至全国范围内的一系列合作，如统一编目的书目数据合作、统一采购的文献配送合作、数字资源建设的公共服务以及跨地区跨系统的各种合作。

文化部组织建设的文化信息资源共享工程，把全国的省（市）、地（市）、县、乡镇街道、行政村社区五级公共图书馆（室）通过网络联系在一起，实现了资源共建共享。

公共图书馆业务服务上的合作，拓展了服务空间，开拓了人们的视野。这种合作不仅为公共图书馆的整合和统一提供了基础，而且事业的发展客观上也要求体制上的变革，为广泛的合作和更大的发展、更广泛的服务提供机制上的保障。

（3）政府职能的转变

《中共中央、国务院关于深化文化体制改革的若干意见》中指出："发展公益性文化事业要以政府为主导，增加投入，转换机制，增强活力，改善服务"为方针，"强化政府文化管理和服务职能，构建覆盖全社会的公共文化服务体系"。

随着经济的发展，不少省市政府提出文化立省、文化兴省、文化大省、文化强省以及文化中心的建设目标，开始从"办"文化向"管"文化转变。文化是城市的灵魂，图书馆就是承载灵魂的重要载体。在全国文明城市评估中，文化是其中的内容，并作为考核政府的指标。在计划经济体制下形成的图书馆管理体制，很难适应市场经济条件下人民对文献信息服务的要求，也很难达到国家提出的实现和保障广大人民群众基本文化权益的要求，各省市也难以实现包括公共图书馆在内的文化强省的建设目标。

政府职能的转变，百姓的文化需求和权益，市场经济的不断完善，需要有一个与之相适应的公共图书馆管理体制。

2. 各地的实践

为了满足百姓的文化需要，构建全覆盖的图书馆服务体系，全国各地在服务模式以及管理体制上进行了有益的尝试。

（1）深圳模式

建设“图书馆之城”（2003年）

形成了市、区、街道、社区四级图书馆服务体系，图书馆服务点星罗棋布。

福田区图书馆开始了总分管制，由区财政每年为90多家基层馆下拨资金，实现了“统一拨款、统一采购、统一编目、统一配置、统一管理”。

深圳撤销区级行政后，全市可实现大一统的管理，那将是领全国之先，为全国公共图书馆的管理体制改革提供经验。

深圳图书馆吴晞馆长把公共图书馆比之为“天下之公器”，并说“其重如鼎”。愿吴馆长执掌深圳图书馆这座“公器”，为国内开先河。

（2）嘉兴模式

① 政府主导，统筹规划

市、县（市）、乡镇各级政府是构建的责任主体，在领导机制、保障机制、管理机制方面实现全方位主导。作为考核三级政府（市、区、镇）政绩的指标。

◇ 纵向：到底——▸村；

◇ 横向：到边——▸各系统。

② 多级投入，集中管理

由市、区、镇三级政府共同投入，每建一个乡镇分馆，投入30万元（各负担10万元）。日常经营、人员、设备由市馆统一管理。资源采购由市馆统一进行；乡镇业务活动、消耗件的补充由市馆决定开支；每建一个乡镇馆，市政府为市馆增编1人，专门派到乡镇馆当馆长；乡镇配备管理员，管理员由市馆统一培训、考核、管理。

③ 资源共享，服务创新

◇ 统一采购、编目、配送；

◇ 统一流通、检索，通借通还。

市馆组建了统一的采编中心，开发了检索系统，建立了物流传递系统。

（3）杭州一证通工程模式（自发模式）

杭州市辖8个区、5个县。2004年由杭州市图书馆发起，2007年年初有9个成员馆76个社区、15个乡镇服务点、16个集体流通点。

市馆成为实际的中心馆，负责书目数据和一卡通读者数据；每个县馆补贴20万元的图书，产权为杭州市图书馆。为了规范成员馆服务行为，制订了“服务公约”和“一证通工程技术标准”。其效果：

◇ 91个基层图书馆室（街道、乡镇）获得了新生；

◇ 为基层馆提供了浮动馆藏；

◇ 形成了一个完整的服务网络。

但是，也出现了难以解决的困难：市馆压力大，由6个人管理一证通工作；每年投入600万元购书费；基层馆的服务、人员素质弱（影响整体声誉）；缺乏政府主导和制度制约，都享用市馆的资源，一旦市馆不投入则无法运行。

此外，还有佛山的图书馆联盟模式以及东莞的总分馆模式等，也有图书馆群、图书馆圈、图书馆线、图书馆带等提法。

3. 体制的变革

（1）现状与问题

《2009年文化蓝皮书：中国公共文化服务发展报告》（中国社会科学院）指出：公共服务体系发展滞后成为中国发展不平衡的最大短板，公共文化服务体系在公共服务体系中的滞后状况尤其明显。

问题体现在三个方面：

首先是公共文化服务投入不足，效率不高。我国目前公共财政文化投入约占全部公共开支的0.3%—0.4%，而发达地区通常将公共开支的1%左右用于公共文化投入。

其次，我国公共文化服务体系制度创新不足，尚未形成“善治”结构。公共文化管理部门与公民社会的沟通渠道更没有建立起来，整个体系的许多客观机制问题还亟待创新。

此外，对公共文化服务体系基本制度设计的理解也还有待转化。（见：《经济参考报》，2009-10-12）

这份报告中所说的投入不足、体系制度问题反映了公共文化的现状。由于各地经济状况的差异及政府主管领导对图书馆认识程度不同等主客观原因，加之缺乏法律制约和统筹安排，公共图书馆的管理比较混乱。因为多头绪的逐级管理，客观上造成对图书馆认识不统一、投入没规矩、服务无明确要求、发展无长远目标的局面。

不少地方把馆长看作纯行政干部，调换频繁，不能久任。馆长也没有把图书馆工作当成一份事业来干，缺乏业务能力和工作积极性。

现行的公共图书馆的设置是根据国家机构编制的规定执行的。根据规定，各省（直辖市）、地（市）、县各级政府要建立图书馆，而不管其面积的大小、人口的多少、需求的差异等实际情况，各级政府均设置一座，纯粹把图书馆当作一个部门机构，而没有考虑它的服务能力、覆盖程度、工作负荷。

继续沿用这种机构编制、分散管理、各自为政的管理体制，不仅造成国家有限资源的低水平运行，也很难更快更好地完成中央和国家提出的构建全覆盖的公共文化服务体系的任务。

从本源上讲，各级公共图书馆的性质是相同的，图书馆都是国家兴办的，服务是免费的，读者权益是平等，此外，业务的内容、从业人员的任职条件以及任务和目标也都是一样的。各级政府只要改变现有的管理理念和工作思路，体制的变革不存在障碍。

（2）香港的经验

我国香港地区的公共图书馆由特别行政区政府康乐及文化事务署统一领导，形成了

◇ 中央图书馆（1家）；

◇ 主要图书馆（5家）；

◇ 地区图书馆（28家）；

◇ 小型图书馆（32家）；

◇ 流动图书馆（10家）。

在这五级体制之外，还设立了100多个便利图书馆。各馆的文献采集、技术设备、资源共享、人员配置、读者服务、特色定位以及整体运营统一管理，是一个较为成熟的运行系统。

图书馆的设置根据地区、人口及社会需要而决定，分区馆、小型馆的数量不断增加，是一个不受行政区划制约，灵活有效的体系。

（3）图书馆服务宣言

2009年，中国图书馆学会向社会公布的《图书馆服务宣言》，标志着中国图书馆界步入行业自觉的新时代，也是中国图书馆事业融入世界，和世界图书馆同行共同发展进步的标志。

近年来，图书馆界满腔热情地对现代图书馆的理念进行讨论和实践，呼吁图书馆立法及资源共建共享，强化图书馆自觉服务精神和读者权益，践行平等服务、免费服务和人文关怀，推动图书馆走向科学和理性之路。

图书馆界理念上的升华和行动上的自觉、自律，为图书馆事业的发展奠定了理论和实践的基础。事业的发展需要体制的保障。

为了百姓的文化权益*

——关于北京市公共图书馆事业发展的思考

任职3个月以来，根据北京市文化局的分工安排，我主要分管全市公共图书馆工作。在推动文化大繁荣大发展的背景下，图书馆发展是文化繁荣发展的重要内容。如果说文化是城市的名片，那么图书馆就是这张名片的重要载体。如何把全市图书馆建设好，如何让北京市图书馆整体事业走在全国的前面并在世界范围内领先，是我思考和研究的主要问题。我认为应该创新服务手段，拓展服务内容，变革管理体制，不断完善公共图书馆服务体系，才能让优质便捷的信息服务惠及全民，才能维护老百姓的信息权益。近期思考和关注的问题主要有以下3个方面。

1. 积极探索市场经济体制下图书馆管理体制，推动图书馆事业持续、科学、常态发展

现行的公共图书馆管理体制是由各级政府分别管辖，图书馆的事业经费、人员编制、薪酬待遇、服务方式等由所属行政区划

---

* 2009年11月在北京市委组织部干部培训班上的发言。

的政府拨付和管理。这种管理体制是计划经济时代的产物。公共图书馆事业发展到今天，这种由行政区划逐级管理的体制不再适应图书馆事业的发展，相反对人才素质的提升以及公共资源的有效利用形成了一种制约。

2007年6月，中共中央政治局召开会议，研究加强公共文化服务体系建设。2007年8月，中共中央办公厅和国务院办公厅下发了《关于加强公共文化服务体系建设的若干意见》，其中要求创新公共文化服务运行机制，加强对公共文化服务体系的领导。近年来，我国公共图书馆得到了快速发展，无论在经费保障、设施条件、文献资源建设、服务绩效还是服务理念等方面都有了量和质的变化。事业的发展，促进了区域内乃至全国范围内的合作。公共图书馆事业更广泛的合作和更大的发展，客观上要求图书馆体制上的变革，为图书馆事业发展提供机制上的保证。

《2009年文化蓝皮书：中国文化服务发展报告》（中国社会科学院）指出：公共服务体系发展滞后成为发展不平衡的最大短板，公共文化服务体系在公共服务体系中的滞后状况尤其明显。

由于各地经济状况的差异及政府主管领导对图书馆认知程度不同等主客观原因，加之缺乏法律制约和统筹安排，公共图书馆的管理比较混乱。

因为多头绪的逐级管理，客观上造成对图书馆认识不统一，投入没规矩，服务无明确要求，发展无长远目标的局面。

现行的公共图书馆的设置是根据国家机构编制的规定执行的。根据规定，各省（直辖市）、地（市）、县各级政府要建立图书馆，图书馆的设置没有考虑其面积的大小、人口的多少、需求的差异等实际情况，各级政府设置一座，纯粹把图书馆当作一个部门机构，而没有考虑它的服务能力、覆盖程度、工作负荷。沿用这种机构编制、分散管理、各自为政的管理体制，不仅造成国家有限资源的低水平运行，也很难完成国家提出的构建全覆盖的公共文化服务体系的任务。

政府职能的转变，百姓的文化需求和权益，市场经济的不断完善，需要一个与之相适应的公共图书馆管理体制。为了满足百姓的文化需求，构建全覆盖的图书馆服务体系，全国各地在服务模式以及管理体制上进行了有益的尝试。近来，我对全国公共图书馆服务模式及管理体制进行了调研，深圳、杭州等地已开始在服务模式以及管理体制上进行了改革的尝试。

为了促进北京市公共图书馆科学、持续、常态的发展，为了提升北京市图书馆的整体水平，为了提高资源、人员、现代信息技术的管理层次，应把现行的逐级分散管理的体制变革为统一集中的管理体制，实行行政区域内的总分馆制。

2. 提高从业人员素质，推动行业服务水平

提高图书馆从业人员全员素质，是增强图书馆行业的服务能力和服务水平的重要保障。提高图书馆全员素质是一个长期的工程，既包括业务技能的培训，也包括服务理念的教育。要从图书馆事业发展和以读者为本的角度出发，全面提升从业人员的服务意识，培养图书馆从业者按照《图书馆服务宣言》的要求为市民提供优质便捷的信息服务。

为了提升图书馆行业服务水平，首都图书馆与高校等科研机构开展了合作交流。2009 年 7 月份以来，开展了与北京师范大学

等高校的联合培训工作，让图书馆从业人员掌握图书情报专业的前沿知识。

3. 利用现代信息技术把数字化信息传递到农村，让优质便捷的公共文化服务惠及全民

为了落实文化局领导关于实施网络、文化资源下乡入户的要求，首都图书馆与联通、歌华、电信与移动等运营商进行了多次沟通，与相关部门联合到平谷、密云、怀柔等区县进行了实地研讨，并为几个试点区县研究制订了因地制宜的网络入户方案。

为了农民使用网络信息资源更加便捷有效，积极推进了以首都图书馆为中心的文化共建共享工程，整合文化共享信息、农村党员现代远程教育、数字电影等信息资源。为了整合资源，打造文化服务品牌，进行了网络传输与信息资源多网合一的调研与实践工作。目前通过遍布各村的基层服务点，农民已经可以快速获取亟须的有关农业生产、日常生活、文化娱乐等实用的知识信息。

今后，北京市公共图书馆事业发展将重点推进以首都图书馆为中心，联动区县图书馆的文化信息服务体系，通过整合和利用北京市公共图书馆已经建立起来的“一卡通”服务体系、文化信息资源共享工程服务体系、特色馆藏资源建设服务体系、首都城乡图书馆信息一体化网络体系等，为公众提供便捷、优质、高效、多样的文化服务，让人们可以自主选择享用娱乐、科技、生活等信息资源，让北京市的公共图书馆成为全民终身学习的理想场所。

关于通州国际新城建设中创新公共文化服务体系的思考*

通州文化底蕴深厚，运河文化源远流长，数千年的历史沧桑锻造了通州文化的风采，从这里孕育出数不清的历史故事，也走出了数不清的名人大家。历史发展到今天，通州国际新城建设把通州推到了时代的前沿，对通州来说既是机遇也是挑战。在北京国家文化中心建设的大环境下，通州的国际新城建设机遇大于挑战，特别是公共文化服务体系建设有着广阔的创新空间和发展前景[1]。

文化是一个城镇的灵魂，是一个城镇的名片。公共文化是一个城镇文明、和谐的象征，体现着社会的公平公正，体现着百姓的权益和文化生活。建设公共文化，构建公共文化服务体系，是社会发展的需要，也是满足百姓文化生活的需要。今年9月份李长春同志在北京调研时指出，公共文化服务体系要体现公益性、均等性、基本性、便民性[2]。公益性，要以公共财政为支撑，以免费服务为原则；均等性，是对城市、农村各类人群都均等服务；基本性，就是要满足群众基本的文化需求；便民性，要实现文化服务设施网点化，方便社区群众。

---

* 2011年在北京市通州区文化工作会议上的发言。

文化是人类赋予自然的产物。一根木棒、一块石头，放在大自然中是自然的一部分：如被猿人用来打果子，用来砸果子，那么这两件大自然中的物品就被赋予了工具的功能；如果木棒被用来架屋，石头被用来舂米，那就开始了建筑文化史，开始了食品文化史。历史发展到今天，由于人类对自然的干预以及不断地创造，形成了数以千计的各种文化，诸如衣、食、住、行的服装文化、饮食文化、建筑家装文化、交通文化，大凡说得出的事物都可称为文化——雅文化、俗文化、区域文化等。国庆节期间，潘家园古玩城挂出几条横幅："文化是古玩艺术品市场的核心竞争力"；"文化创造财富，文化支持发展，文化传播品牌"；"文化提升品牌，文化涵养精神，文化成就梦想"。无论是政治的还是经济的，发展的结果都沉淀为文化，其表现形式都属于文化。今天，北京市向全社会征集评选"北京精神"的表现词，供大家参考选择的词语有：爱国、创新、包容、厚德；正大、包容、和谐、日新；纳百川、凝千载、践行首善；继古开今、尚德求新。老百姓都参与其中，参与"北京精神"的评选与建设。"北京精神"的提出与创意、评选与表达，其实质是打造北京今天的文化，用"北京精神"统一市民的认识和行动，营造一种文明和谐的文化氛围。

今天，通州区委区政府及通州区文委等单位通过举办"运河艺术节"的形式，进行"文化问道"，通过大家的探讨和碰撞，达到"助推新城建设，创新文化发展"的主题。举办这项活动本身就说明通州区的领导及百姓有见识、有文化。从"文化问道"列出的学者论题和嘉宾、群众、企业论题中可以看出，对通州新城的文化建设已有了大的方向，20 多个论题涉及文化发展的各个方面，包括公共文化、公益文化、非物质文化遗产、文化产业以及文化品牌等，内容系统全面。我主要就公共文化服务体系及公共图书馆与通州新城建设谈点认识。

公共文化是大众性的、人人都可享受的文化。其中有付费类的公共文化，如电影、运动健身等；有公益性公共文化，属于免费性质的文化，这部分文化是体现社会公平、百姓权益的文化。公共图书馆就是公益性文化中重要组成部分。今年，文化部为了推进公共文化建设，推出了《国家公共文化服务体系示范区（项目）创建标准》，在全国每个省市选定一个地市作公共文化服务体系建设的试点，然后通过典型的示范、影响带动全国各级政府的积极性，进而推动公共文化服务体系建设科学发展，促进公共文化服务的均等化、便民化。北京市朝阳区为示范区，为了把示范区高标准高质量地建好，达到或超过文化部颁布的创建标准，制定了《北京市朝阳区创建国家公共文化服务体系示范区建设规划（2011—2012）》，通州区在创新公共文化服务体系建设中可参考朝阳区的规划。文化部颁布的公共文化服务体系示范区创建标准中主要指标有40多项，其中包括图书馆、文化馆、博物馆、街道文化中心、社区（行政村）文化室、公共电子阅览室覆盖率、网上图书馆和博物馆、人员编制以及经费保障等。在创建的指标中，有20多项属图书馆的指标，可以看出公共图书馆在公共文化服务体系创建中的重要地位。

公共图书馆在城市、城镇中的作用及地位越来越受到社会的重视，公共图书馆被称作都市人的大书房、市民的起居室、都市人修身学习的场所，是市民的精神家园，是城市文明和文化的象征，是城市文明的收藏者、继承者和传播者，是城市可持续发展的资源保障。在国际上提出了“知识城市”、“智慧城市”的概念。知识城市的指标体系中把公共图书馆放在特别的位置，要求公共图书馆的网络系统要达到一定的标准，有途径让知识为广大市民使用，尊重市民文化的多样性选择。公共图书馆不仅向所有人提供平等阅读的机会，而且兼具教育、网络、资讯以及社区服务的功能，在促进城市学习、形成公民意识、社会包容等方面发挥作用。智慧城市的核心是感知化、互联化、智能化。有的城市把图书馆借书证、公交卡、社保卡、支付卡、校园卡等集于一体，形成一个城市智慧身份证，为市民提供无缝的公共服务。英国政府认为，城市的发展最终取决于人的因素，要提升城市竞争力，实现平衡可持续的发展，公共图书馆是重要的手段。2011 年 9 月 30 日美国的两位诺贝尔奖获得者——伊瓦尔·贾埃弗（Ivar Giaever）和道格拉斯·奥谢罗夫（Douglas D.Osheroff）——在首都图书馆作了一个讲演，在讲到取得诺贝尔奖的体会时，都认为要和其他人交流合作，要有竞争意识，要有好奇心，要有求知的欲望。正如英国政府认为的，发展与成功取决于人的因素，而图书馆就是重要的途径和手段。

对于人在社会发展、科学创造以及经济建设中的重要作用，我国政府也非常重视。2011 年，“部分省市区公民人文素质调查课题组”对北京、上海、天津、重庆的直辖市公民人文素质作了调查，在对人文总体概况、人文知识状况、人文思想状况、人文方法状况、人文精神状况作了分析后，提出了提高公民人文素质的建议。建议虽然没明确提到图书馆，但其中的内容有不少是图书馆的职能。如：在国家“全民科学素质行动计划”中启动“公民人文素质行动计划”，发挥城市文化资源丰富的优势，推进人文城市建设；要通过公益性讲座、展览、教育提升公民的人文素质和修养，使公民具有诚信品质、创新精神、规范意识、共生理念、宽容心态、感恩情结及审美情趣。

如上所述，公共图书馆在大至国家、小至城镇的建设中，在提升人的素质等方面都有着不可估量的作用。那么，如何把公共文化服务体系中体现公益性、均等性、基本性、便民性的公共图书馆办好，办出特色，办出品牌，办出效益来？如何把公共图书馆办出像“文化问道”中所说的可持续性发展、可执行操作的常态来？我认为应按照李长春同志在北京调研的讲话精神及北京市委常委会的要求，敢为人先、敢创新路，以创新为中心，以改革为动力，以体制机制的创新为突破口，对全区的公共图书馆进行体制上的改革；建立起由通州区为区域中心馆，街道乡镇、社区行政村为二三级分馆的集中管理模式，对图书馆的设施、文献资源、服务规范、人员及经费实行分布式集约化管理，使通州公共图书馆的服务体系社会效益走在全市乃至全国的前面，为公共图书馆管理体制创造新经验。

北京市公共图书馆现行的管理体制为我国一直沿用的逐级设置管理的模式，即每个区县、街道（乡镇）、社区（行政村）建立一个图书馆（室），馆舍的面积规模、人员编制、文献数量、设备技术、服务方式等由各级政府及文化部门决定。

这种在计划经济体制下按行政机构编制设立图书馆的管理运行体制，随着社会的进步、经济的发展以及百姓日益增长的文化需求，已很难适应文化大繁荣大发展的要求，也不能充分体现公共文化服务体系的公益性、均等性、基本性、便民性。其弊端有以下几点：

一是图书馆（室）的设立呆板机械，缺乏灵活性。 区域的面积不管大小，人口的数量不管多寡均设一馆。

二是图书馆的发展缺乏持续性。 图书馆的运行依赖政府，由于每届政府认识上的差异，对图书馆重视、投入形成了人为的差别。 例如 2010 年作为市政府折子工程，全市每个街道（乡镇）建一座图书馆（室），经过努力协调全市每个街乡都完成了建设任务，但是今年有 35 个图书馆（室）因各种原因已闭馆，停止向百姓服务。 目前这种管理体制使得乡镇、社区图书馆（室）很不稳定，形成不了一个发展的常态，无法承担起保障百姓基本阅读权益的职责。

三是制约着公共文化服务体系的构建。 公共文化服务体系建设是当前及今后一个时期文化建设的重要任务。 作为一个体系建设，全区应作为一个整体进行规范、布局，统一认识、统一标准。 目前的各级图书馆（室）在服务的内容、方式、现代信息技术设备条件、从业人员的业务水平及录用的条件标准、文献加工的规范以及薪酬收入等方面都有不小的差异，这些方面的不统一直接影响着公共文化服务体系建设。

为了构建一个科学、持续、高效、可操作的公共图书馆服务体系，为了满足百姓文化阅读的需求，使公共文化服务做到公益性、均等性、便民性，有必要对现行的公共图书馆管理体制进行改革，在区政府统一领导下，建立起以区图书馆为区域中心馆，各街道乡镇及社区行政村为二级、三级分馆的公共图书馆服务体系，实行经费、业务、人员、服务及布局的统一管理。 这种打破街道乡镇实行统一管理的体制在全国还没有先例，能有效推进全覆盖的公共文化服务体系建设，也可为全市的公共文化服务体系建设提供示范作用。

这种管理体制上的改革，在全国范围内的部分城市做了实验，但都不是体制上的改革，而只是在合作及投入上的尝试。如浙江省嘉兴市的做法为政府主导、策划；多级投入，集中管理；资源共享，服务创新。政府主导就是由嘉兴市政府颁发一个共建共享的文件，各级政府遵照执行；多级投入就是由市、区、街道乡镇各投入 10 万元建一个乡镇馆，嘉兴市图书馆统一管理资源、业务活动，馆长由嘉兴市馆派遣；资源共享就是在资源方面全市实行统一的采购、流通，建立了统一的检索系统[3]。根据文化大繁荣大发展的要求，要在公共文化服务体系上有所突破，应该打破目前管理体制这个“局”。通州区若作了尝试试点后，可在全市推广，进而科学打造全市公共图书馆服务体系。

参考文献

[1] 汲传排,徐飞鹏.学习贯彻中央领导同志在京调研时的重要讲话精神[N].北京日报,2011-9-15(1).

[2] 新华社记者,北京日报记者.进一步加快文化改革发展步伐,把北京打造成具有重大国际影响力的文化中心[N].北京日报,2011-9-9(1).

[3] 倪晓建.关于变革公共图书馆管理体制的思考[J].公共图书馆,2009(4):61-62.

公共图书馆法是事业发展的保障*

公共图书馆是公共文化服务体系的重要组成部分。 文化大繁荣大发展，需要一部图书馆法来保障。

文化是一个城市（地区）的灵魂，图书馆是城市的名片。 加强图书馆建设，对构建和谐社会，保障公民文化权益，促进全民终身教育都有重要意义。

公共图书馆就其性质而言，就是三条： 一是政府兴办；二是服务免费；三是人人平等。 作为一部图书馆法，要调整政府与图书馆的关系，调整图书馆与读者的关系，调整图书馆工作人员与内部管理，要规范图书馆读者各自的权利义务。 为了向全社会作出承诺，中国图书馆学会 2007 年委托我参与起草了《图书馆服务宣言》(以下简称《宣言》)，2010 年 1 月在《中国文化报》上发布。 这是中国第一个行业宣言，是全体图书馆员向社会的庄严承诺。《宣言》共 7 条，把保障公民阅读权利、向读者提供平等服务、促进全民阅读作为重要条款。 许多图书馆界的同行认为，《宣言》是图书馆法出台之前图书馆界自律性的文件。

《图书馆服务宣言》的发布，说明图书馆特别是公共图书馆需

---

* 2010 年在文化部社会文化司公共图书馆法研讨会上的发言。

要一部法律来规范图书馆及政府的行为，并通过法律向社会说明图书馆的性质功能、图书馆的发展与保障措施、文献资源建设以及服务和读者权益。没有法律就没有约束。目前，全国公共图书馆发展很不均衡，不仅中西部有差距，而且一个地区内也有差距。据统计，全国县以上图书馆有 2 799 个，总藏量 5.2 亿册（件），每年财政拨款 40 多亿元，人均购书费 0.6 元，年接待读者 2.5 亿人次，图书流通 2.1 亿册次。北京市公共图书馆（县、乡镇、社区、村）3 577 个，总藏量 1.6 亿册（件），财政每年拨款（文献资源）3 153 万元（区县 1 953 万元，市财政 1 200 万元），拨给首都图书馆 1 800 万元，共计 4 953 万元，人均购书费 4 元。

在世界图书馆立法中，大约有四种范围的法：一是国家图书馆法，这类法是综合性的；二是国家公共图书馆法；三是地方图书馆法（如美国的各个州）；四是教育科研图书馆法。目前，世界上有近百个国家都有图书馆方面的法。照理说，中国也应该有个综合性的法。2002 年曾经试图立这样一部法，但高校、科研机构图书馆的情况和公共图书馆情况差别大，条文很难统一，如经费、对社会开放等问题争议大。为了加快立法步伐，可以先立大众化的、容易的，后立专业的，经过一段时间的发展再形成国家图书馆法。实际上，地方上的公共图书馆的立法已走在前面。内蒙古、湖北、深圳、台湾已有了公共图书馆的法。上海、贵州等地制定了管理办法。《北京市图书馆条例》则是一部涵盖与北京市有隶属关系的各类图书馆的综合性区域法。

《北京市图书馆条例》（2002.11.1 起实施）实施 8 年来，在全国有一定的影响，对保障北京图书馆事业发展起到了重要作用。如《北京市图书馆条例》中诸如文献资源统一规划、共建共享，以首图为中心的信息网络建设，全年向读者开放，基层图书馆室建设，图书馆事业发展的经费保障，倡导的志愿者服务等条文都发挥了作用。由于图书馆事业的发展，以首都图书馆为中心的全市图书馆提出了构建五大公共文化服务体系的工作目标。文化信息资源共享工程已形成了四级网络，今年进行无线入户的试点，把文献信息服务送到千家万户。

为了起草《中华人民共和国公共图书馆法》，今年初，文化部组织召开了讨论会，共分 10 个课题组进行专题研究，包括国外立法资料收集分析组、公共图书馆性质定位组、公共图书馆设置与体系建设组、公共图书馆条件保障组、读者权益与图书馆服务组、公共图书馆绩效评价组等，今年 6 月份完成专题研究，下半年形成条文草案。期望全国人大明年能审议通过这部公共图书馆法。

区域性数字图书馆建设的实践*

——以"北京记忆"为例

1. "北京记忆"项目的缘起

"北京记忆"是关于北京历史文化的大型多媒体、数字图书馆项目，自 2002 年创建以来，已有 10 余年的历史。其规模宏大，内容涉及古籍、老照片、拓片、舆图、音视频等各种载体类型。登录互联网（http: //www.bjmem.com），世界各国可由此一览北京的历史文化遗产。从建设之初到现在，"北京记忆"受到世界各国广泛关注。

本项目的提出，源于以下几种考虑：

（1）北京拥有 3 000 多年的建城史和 800 多年的建都史，历史文化积淀深厚。起初，记载北京城市建设、风土人情、人物故事、文化艺术等的文献皆以印刷本的方式保存下来，不利于传播。而如今，数字和网络信息技术的发展，为纸本文献的数字化以及广泛传播提供了可选择的途径。

（2）北京不仅仅是北京市民的北京，也是全国人民的北京、

* 2013 年 7 月在中俄图书馆学术研讨会上的演讲稿(俄罗斯圣彼得堡)。

世界的北京。了解北京，旅游、实地访问是一种方式，而更多的人会采用文字或网络的形式。这为世界了解北京提供了一个窗口。

（3）首都图书馆作为北京市的图书馆，长期以来非常重视收集地方文献，几十年来通过几代人的不断收集，逐步形成了完备的关于北京的地方文献。收集途径包括购买，到实地、拥有人处去征集等。文献内容从股票、水票、戏单、新婚菜谱，到永定城门的（进城）税单都有收集。

（4）中国现在非常重视非物质文化遗产的保护，作为北京市的一个图书馆，十分重视现存的和即将消失的文献收集。在北京地区内，有大量具有史料价值的人与事的发生发展过程——也包括曾经被忽略的事件细节——没有记录在册。比如北京城的天桥艺人；又比如北京城当初的皇族后代也就是旗人是如何生活的。为了便于后人对当时历史状况的了解，我们对亲历见证事件的人采取现场的方式访问、记录、拍摄，以抢救和还原历史本来面目。如不记录，这些人将随着时间的流逝变得越来越少。所以，这也是“北京记忆”一个很重要的内容。

（5）20世纪90年代，联合国教科文组织启动了“世界记忆工程”，美国国会图书馆启动了“美国记忆”项目。这两个“记忆”，一个基于世界，一个基于国家。而“北京记忆”是基于一个城市/区域的。从这个意义上讲，“北京记忆”在世界上开创了记忆一个区域历史的先河。

2. “北京记忆”建设现状

“北京记忆”通过多年的建设，目前已完成《北京文汇》《旧京图典》《燕京金石》等 10 个栏目，涉及古籍、老照片、拓片、舆图、音视频等各种载体类型，为用户提供文献浏览、全文检索、音视频点播、网上咨询等多种形式的服务，现数据规模已超过 5TB。

◇《北京文汇》　收录古籍和经典北京地方文献图书 1 200 种，可依照分类进行在线阅读，同时还实现题名、著者、主题和内容的全文检索（见图 1）。

◇《旧京图典》　通过对老照片的整理、发掘、考辨、扫描等手段的处理，建立网络共享的数字化影像资源集合。现收录馆藏北京历史照片 2 000 余张，表现旧京景观、民俗、社会、建筑和历史风貌，可实现在线浏览和检索（见图 2）。

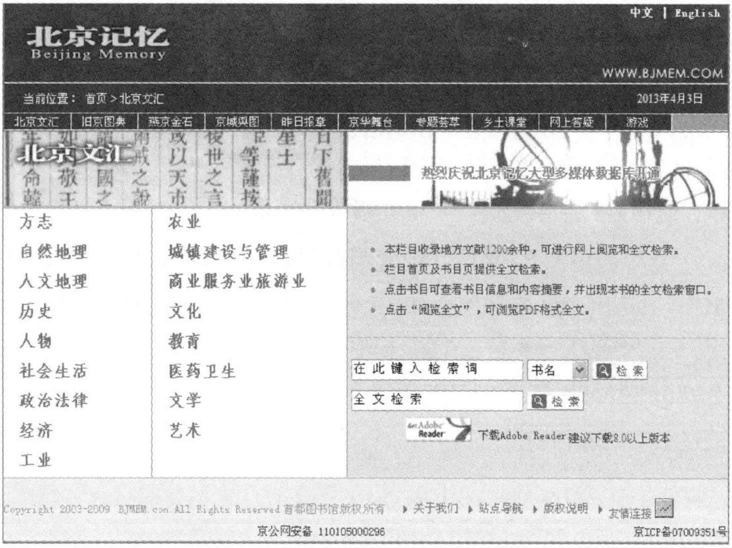

a

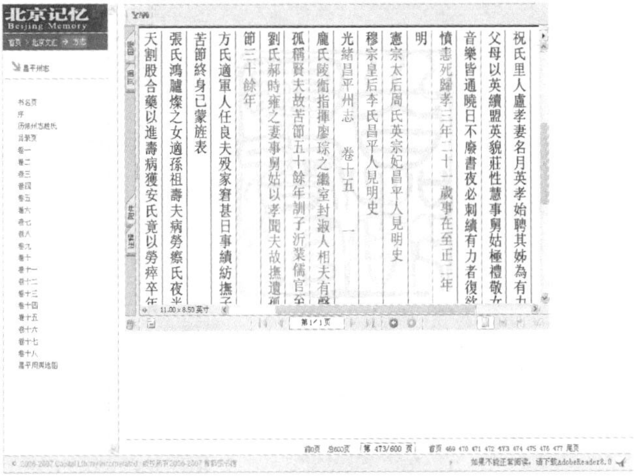
北京记忆
Beijing Memory
首页 > 北京文汇 > 方志
昌平州志
书名页
序
历修州志姓氏
目录页
卷一
卷二
卷三
卷四
卷五
卷六
卷七
卷八
卷九
卷十
卷十一
卷十二
卷十三
卷十四
卷十五
卷十六
卷十七
卷十八
昌平州舆地图
祝氏里人盧孝妻名月英孝始聘其姊為有
父母以英續盟英貌莊性慧事舅姑極禮敬
音樂皆通曉日不廢書夜必刺績有力者復
憤恚死歸孝三年二十一歲事在至正二年
明
憲宗太后周氏英宗妃昌平人見明史
穆宗皇后李氏昌平人見明史
光緒昌平州志 卷十五 一
龐氏陵衛指揮廖琮之繼室封淑人相夫有
孤稱賢夫故苦節五十餘年訓子沂業儒官
劉氏郝時雍之妻事舅姑以孝聞夫故撫遺
節三十餘年
方氏適軍人任良夫歿家窘甚日事績紡撫
苦節終身已蒙旌表
張氏鴻臚燦之女適孫祖壽夫病勞瘵氏夜
天割股合藥以進壽病獲安氏竟以勞瘁卒
11.00 x 8.50 英寸
第1/1页
第 473/600 页
如果不能正常阅读，请下载adobeReader8.0

b

图1 《北京文汇》页面

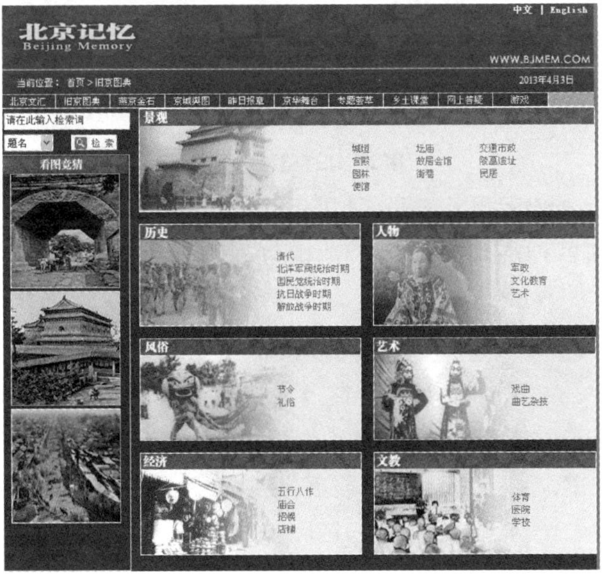
中文 | English
北京记忆
Beijing Memory
WWW.BJMEM.COM
当前位置： 首页 > 旧京图典
2013年4月3日
北京文汇
旧京图典
燕京金石
京城舆图
昨日报章
京华舞台
专题荟萃
乡土课堂
网上答疑
游戏
请在此输入检索词
题名
检索
看图竞猜
景观
城垣
宫殿
园林
使馆
坛庙
故居会馆
街巷
交通市政
陵墓遗址
民居
历史
清代
北洋军阀统治时期
国民党统治时期
抗日战争时期
解放战争时期
人物
军政
文化教育
艺术
风俗
节令
礼俗
艺术
戏曲
曲艺杂技
经济
五行八作
庙会
招幌
店铺
文教
体育
医院
学校

a

b

图 2 《旧京图典》页面

图 2b 为起源于宋朝的冰嬉运动，即表演者在冰上滑行过程中表演各种高难度技艺。冰嬉可视为现代花样滑冰运动的雏形。

◇《燕京金石》 碑刻拓片为考古学、历史学、古文字学、美术史学、文学、经济学、法学、哲学等社会科学及自然科学的研究保存了丰富可靠的资料。首都图书馆馆藏金石拓片范围广泛，内容丰富，涉及京城寺庙、衙署、会馆、陵墓等多方面，时间跨度逾千年。本栏目收录金石拓片 3 000 余幅，实现题名、年代、地点检索（见图 3）。

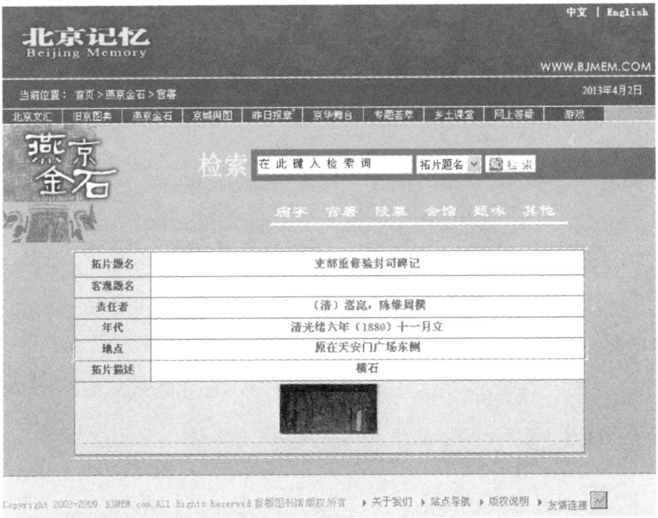

a

b

图 3 《燕京金石》页面

图 3b 为《吏部重修验封司碑记》。 验封司为明清时期掌管文职人员封爵、任用之事的国家机构，本拓片记述了光绪年间重修验封司的经过。 通过展读拓片以及追溯相关资料，我们可以挖掘出拓片背后的故事。

◇《京城舆图》 收集大量明清及民国时期舆图，包括北京城区、郊区地图以及市政、交通方面的工程图等。近年还加入了《乾隆京城全图》(见图 4)。

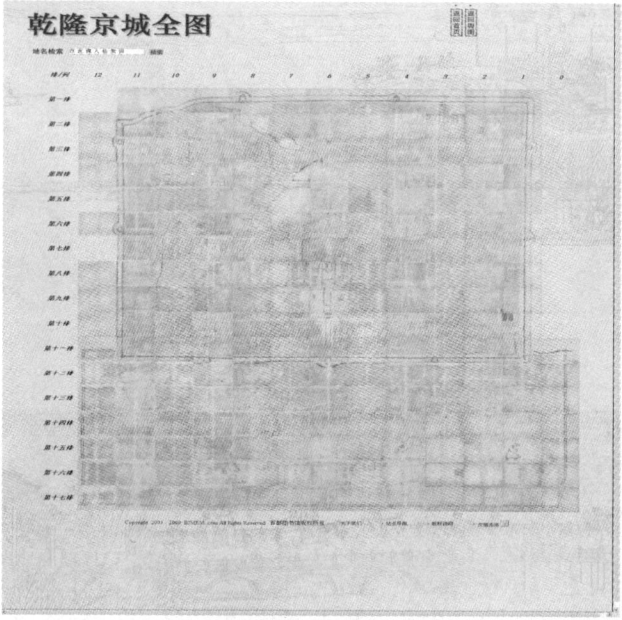

图 4 《乾隆京城全图》

《乾隆京城全图》是现存年代最早的一幅按比例尺绘制的北京古地图。由乾隆朝内务府大臣海望担任此图的总监督，宫廷画师、意大利人郎世宁及中国画师沈源为技术总指导。该图共耗时 5 年绘制完成。

我们对图中明确的自然地理要素和人文地理要素进行统计和提取，为用户提供了地点信息的检索。通过对《乾隆京城全图》的研究，可以分析出清代北京城的道路格局、交通状况、宗教信仰、文化氛围、城市性质等（见图 5）。

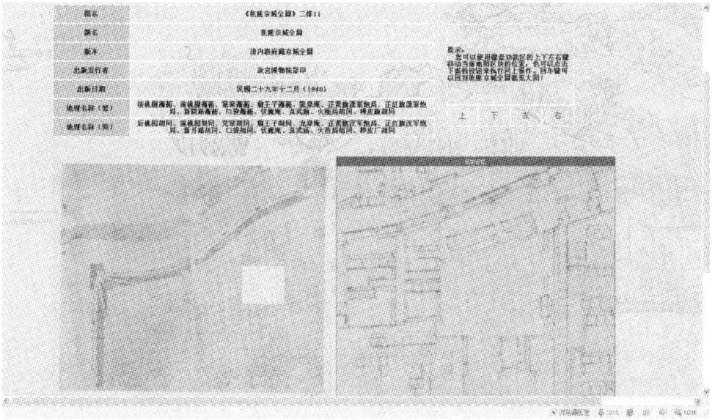

图 5 《乾隆京城全图》地点信息检索

◇《昨日报章》　提供 20 世纪前半叶报纸、期刊上刊载的北京史料，使用户得到更多翔实、广泛的历史信息。现已数字化报纸和期刊共 22 万个版次，实现按出版日期检索（见图 6）。

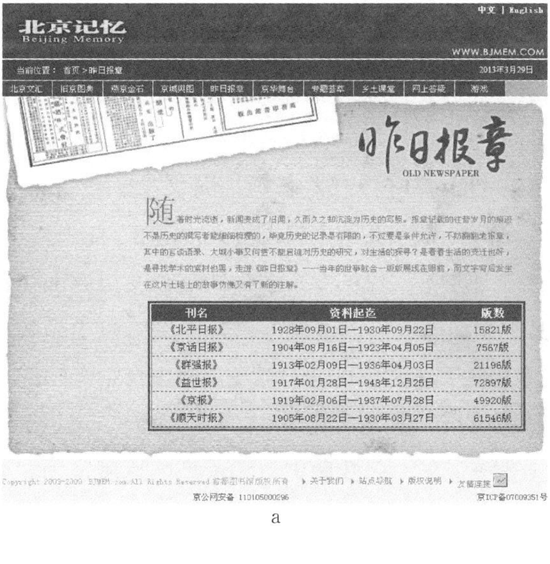

a

b

图 6 《昨日报章》页面

◇《京华舞台》 提供多样化的北京地方表演艺术的音视频资源，包括戏曲、歌舞等内容形式。 实现演员姓名、剧目名称检索。 其中的《旧京戏报》子栏目包括旧京老戏单 747 幅，可进行演出场所、演员、剧目和演出日期检索（见图 7）。

◇《乡土课堂》 提供专家主讲的北京文史方面讲座，实时更新。 其中在线播放内的讲座为首都图书馆自主品牌“首图讲坛”中北京历史文化讲座内容，以及广播电台中专门的一档介绍北京史地风俗的节目内容（见图 8）。

◇《专题荟萃》 以专题史料和大型图片展览为主要内容，以生动的形式普及乡土文化知识（见图 9）。

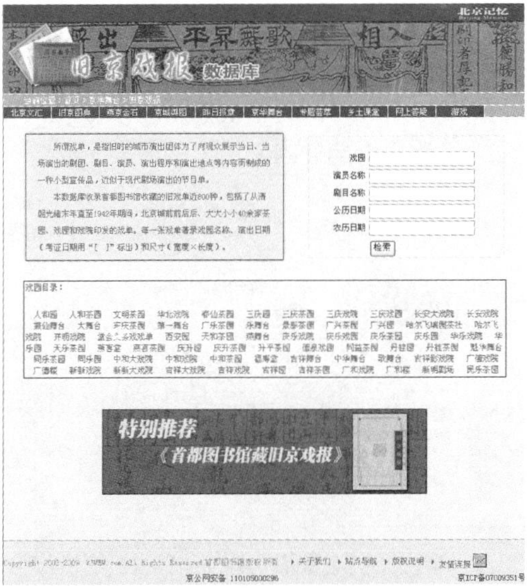

图 7 《旧京戏报》页面

图 8 《乡土课堂》页面

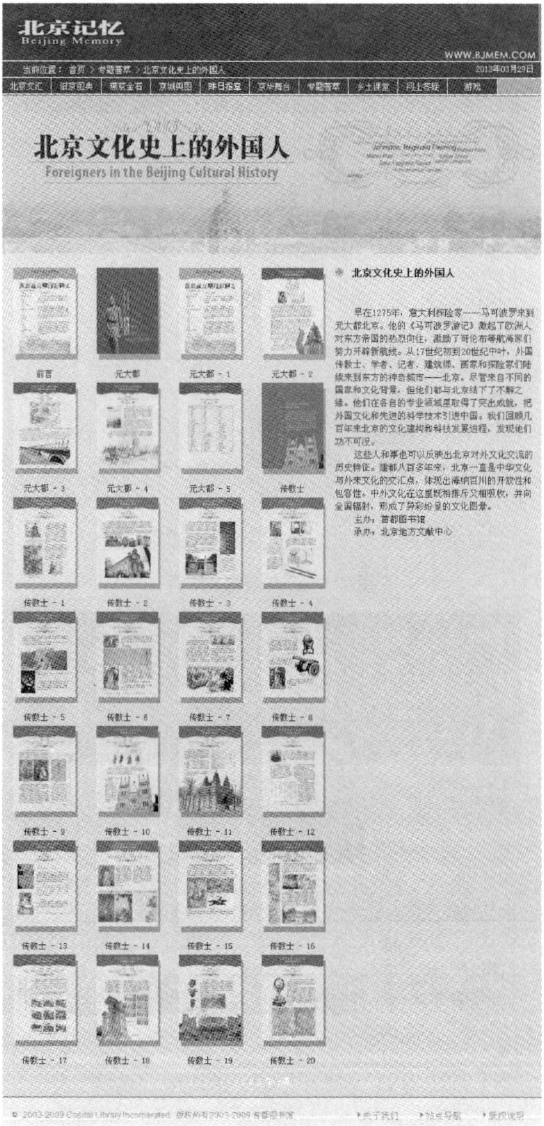
北京记忆
Beijing Memory
WWW.BJMEM.COM
当前位置：首页 > 专题荟萃 > 北京文化史上的外国人
2013年03月29日
北京文汇 旧京图典 燕京金石 京城舆图 昨日报章 京华舞台 专题荟萃 乡土课堂 网上答疑 游戏
北京文化史上的外国人
Foreigners in the Beijing Cultural History
北京文化史上的外国人
早在1275年，意大利探险家——马可波罗来到元大都北京。他的《马可波罗游记》激起了欧洲人对东方帝国的热烈向往，激励了哥伦布等航海家们努力开辟新航线。从17世纪初到20世纪中叶，外国传教士、学者、记者、建筑师、画家和探险家们陆续来到东方的神奇城市——北京。尽管来自不同的国家和文化背景，但他们都与北京结下了不解之缘。他们在各自的专业领域里取得了突出成就，把外国文化和先进的科学技术引进中国。我们回顾几百年来北京的文化建构和科技发展进程，发现他们功不可没。
这些人和事也可以反映出北京对外文化交流的历史特征。建都八百多年来，北京一直是中华文化与外来文化的交汇点，体现出海纳百川的开放性和包容性。中外文化在这里既相排斥又相吸收，并向全国辐射，形成了异彩纷呈的文化图景。
主办：首都图书馆
承办：北京地方文献中心
前言
元大都
元大都 - 1
元大都 - 2
元大都 - 3
元大都 - 4
元大都 - 5
传教士
传教士 - 1
传教士 - 2
传教士 - 3
传教士 - 4
传教士 - 5
传教士 - 6
传教士 - 7
传教士 - 8
传教士 - 9
传教士 - 10
传教士 - 11
传教士 - 12
传教士 - 13
传教士 - 14
传教士 - 15
传教士 - 16
传教士 - 17
传教士 - 18
传教士 - 19
传教士 - 20
关于我们
站点导航
版权说明

图 9 《专题荟萃》页面

◇《行走四九城》 是“北京记忆”中需要用户完全参与的全新互动游戏。行走在北京古城，通过回答相关问题，使用户在轻松活泼的氛围里增加对北京历史、文化、民俗的了解（见图 10）。

图 10 《行走四九城》页面

3. “北京记忆”服务对象的定位与社会意义

“北京记忆”面向研究和热爱北京文化的各类人群。它既可为百姓大众服务，也可为研究人员、政府官员服务。

“北京记忆”的社会意义：

（1）珍贵文献的有效保护和利用　“北京记忆”将纸质文献转化为电子文献，在一定程度上加强了珍贵稀有文献的保护，同时加大了文献资源的传递和利用方式，开创了一种集保护、开发、利用文献资源为一体的全新模式。

（2）推动本地区文化的传承和发展　“北京记忆”以最具象的方式展现北京文化的发展脉络，让史志研究人员及寻常百姓足不出户即可获取首都图书馆半个世纪以来专藏的地方文献资源，极大推进北京历史文化的研究力度和乡土文化的普及程度。

（3）增进世界对地方文化的认知　互联网的发展让世界文化的交流变得更加通畅无阻，“北京记忆”借用网络的通道走出国门，使北京文化翔实地呈现在世人面前。

（4）系统的知识体系跨越碎片时代　随着信息网络技术的发展及各种电子终端设备的普及,碎片化阅读几乎成为当前阅读的主流。碎片化阅读本身存在散乱无序的状况，人们想获得条理清晰并且准确的知识就需要自身去加以辨识、过滤和整合。而“北京记忆”中逻辑缜密、系统完整的文献资源为人们提供了深度阅读，在一定意义上反而让信息来得更快更真切。

（5）记录今天及将要消失的人和事　如项目的缘起中讲到的对天桥老艺人、清皇室后裔等人的口述历史的记录等。

（6）带动了一批“记忆”项目　受“北京记忆”项目建设的影响，我国香港、台湾、澳门地区都先后启动了当地的“记忆”项目。

4. 未来的发展展望

“北京记忆”多年来能够稳定建设取决于：

（1）图书馆对于数字资源建设的重视以及政府对于文化事业建设的投入和支持。

（2）完备系统的文献资源支撑是“北京记忆”建设必不可少的根基，“北京记忆”的建设完全得益于北京地方文献专藏的建设。

（3）人们对于地域文化的社会需求。北京作为中国的六朝古都，攒集了一批研究和热爱这个城市的个人和团体。“北京记忆”有责任和义务弘扬区域文化，并利用图书馆自身优势将系统的资源提供给这些人。

未来，“北京记忆”将不断完善，逐步开辟新的内容，如“口述历史”项目、“北京百年市政管理数据库”、“北京历史纪年”、“数据北京”等。“北京记忆”将不断深化对北京历史文化研究的内涵，为广大读者、研究学者和地方文化爱好者提供便捷的阅读形式，弘扬优秀地方文化，推动和促进首都图书馆数字资源建设的可持续发展。

为了图书馆事业的持续发展*

——关于图书馆发展竞争力的思考

一个行业要立于多行业之林，就需要有自己所能而其他行业所不能的“本领”，那么图书馆有没有这个“本领”？ 如果有，如何认识它，保障它，并形成一种相对稳定的理论和规律，使人人去遵循这种规律和理论，每个图书馆围绕这个规律和理论去工作和努力，这是图书界至今没有解决的问题。

近 30 年来，图书馆界因科学技术特别是以计算机为主导的信息技术的发展，曾出现过几次大的恐慌和迷茫。 一次是 20 世纪 80 年代初，计算机的出现和应用加之阿尔夫·托夫勒的一本《第三次浪潮》，一夜间好像图书馆要变成博物馆了，印刷文本的文献真的要被红绸子包裹起来放到玻璃柜里当成文物展览，从业的工作人员也要大批收摊歇业了。 另一次是 20 世纪的 90 年代，随着数字图书馆的兴起，原来意义的实体图书馆还能存在吗？ 如果能与数字图书馆并存一个时间阶段，那么还能坚持多久？ 这次的震动与迷惑虽不像上次那么动静大，但这种质疑波及社会的其他行业。 人们在发问： 各种信息咨询机构的职能不断延伸，信息

---

* 2006 年在首都图书馆学术研讨会上的发言稿。

数字公司的大量出现，家庭计算机及网络的普及，加之新华书店功能的完善及外延，图书馆的功能会不会在信息社会的进程中逐渐淡化？ 功能地盘的越来越小，图书馆会不会自行消亡？ 面对社会的质疑，图书馆界没有作出系统有力的回答。 最近，由于清华大学出版社及高教出版社把自己的数千种中文图书的版权授予美国的谷歌（google）公司，加之美国国会图书馆提出的“世界数字图书馆”计划，引起了中央领导同志的关注。 图书馆界对此没有思想准备，大多从信息技术层面和资源共享角度认识和回答这个问题。

几次大的冲击和彷徨，图书馆事业和图书馆从业人员经受了考验，也感受到在激烈的行业竞争中生存的困难和意义。 随着网络技术的发展和数字信息的普及，图书馆还将不断地受到冲击和质疑，如若没有一个关于发展的竞争力理论的支持，如若图书馆界从业人员对自身从事行业的竞争力没有一个共识，那么，图书馆事业发展将受到极大影响，图书馆的服务质量也难以得到提高和完善。

依据企业竞争理论及事物发展共性理论，根据图书馆学理论及近年来首都图书馆工作实践，经过分析思考，认为图书馆事业发展竞争力的要素包括以下六个方面：

1. 读者服务能力

服务是图书馆的灵魂和生命，图书馆要屹立于社会重要行业之列并得到社会的高度承认，必须把服务做到位，做到极致。 服务能力应分解成几个层次面： 一是服务语言行为影响能力；二是文献信息提供能力；三是课题咨询解决能力。

语言行为影响能力是服务的基本能力。营造良好的文化氛围，读者走进图书馆就如进入一个圣洁的知识世界，虽未读书，已有收获，即达到“以人为书，未读之获”的境界。首都图书馆几年来的服务实践，收到了良好的社会效果。

文献信息提供能力是服务的保障能力，即公众服务能力。读者走进图书馆能顺利地寻找到自己所需的文献，包括印刷文本、网络文本以及电子文本的信息。若馆内无收藏，可联网获取，通过网络及互借方式保障服务。目前，北京市在东城区实现了“一卡通”服务，随着城区通借通还、异地还书的推广，图书馆的独特服务方式得到市民的一致赞同。

课题咨询解决能力是服务的研究能力。读者的需求都是合理的。读者服务水平的高层次，主要体现在解决咨询问题上，要做到提供的信息安全，提供的答案（或解决问题的方案）科学正确。课题咨询解决能力的提高，要不断研究读者要求变化。近年来，首都图书馆承接了数十项政府及企事业单位的咨询课题，既满足了社会要求，也提高了自身的能力。随着图书馆规模的扩大，信息咨询能力将作为重要能力加以强化。

2. 相关行业竞争力

社会的不断完善和信息技术的发展，提供文献信息服务的行业及部门不独图书馆一家，如国有和私营的书店、各种信息网站的网络信息、咨询公司、数字化信息产品生产部门、文献信息出版发行商等，这些与信息有关的部门都在以不同的方式向社会提供各式各样的信息。 图书馆面对信息产业的发展，其功能受到挑战。 如何在竞争与挑战中生存发展，既要研究相关行业的特点及能力，更要研究自身并完善自身的功能，积极发挥公益性、完备性等固有的能力，拓展和创新教育、展览、培训、交流等新的能力。 首都图书馆的文化展览、首图讲坛、世界走廊等已成为图书馆的服务品牌。

3. 从业人员素质能力

人才是竞争力的重要因素，没有人才就没有竞争。 图书馆事业发展要有三支队伍： 一是要有一支服务队伍；二是要有一支研发队伍；三是要有一支管理队伍。 服务队伍是基础队伍，服务本领过得硬，服务水平要上来；研发队伍是战略队伍，是事业发展的学术带头人，是首席专家，包括图书馆学、信息技术、信息开发等各方面的人才。 有了人才并能有机地组织起来发挥作用，事业发展就有希望。 为了培养和提升人才的能力，从 2005 年起，首都图书馆采用项目课题的方式锻炼队伍，既完成了馆里亟须解决的业务和管理问题，也通过研究和协作提高了自我。

4. 新技术应用能力

顺应时代潮流是任何一个行业必须坚持的原则。 图书馆事业能否发展，在发展中是否有竞争力，关键是要与时俱进，千方百计地应用信息技术，把计算机技术、网络信息技术、数字化加工技术等广泛地应用在图书馆工作的各个方面。 新技术的应用，可以提高业务管理能力，创新服务途径和模式，改变文献传输及保存方式，更新读者利用图书馆的观念。首都图书馆是一个现代化程度较高的图书馆，内部的业务工作及外部的服务都积极采用新技术，信息利用的方便，激发了读者利用图书馆的兴趣和热情。

5. 文献资源建设能力

巧妇难为无米之炊。图书馆服务的资源是文献。门类齐全、数量繁多的文献是图书馆服务立身的根本，也是图书馆有别于其他行业的特色所在。在图书馆事业发展中，要不断调整文献资源建设规划。资源建设的变化须服从并服务于读者需求的变化。

文献资源建设能力表现在：一是文献资源的种类；二是文献资源的载体；三是文献资源的特色。

文献资源的种类依图书馆的服务对象与文化层次确定。公共图书馆在文献种类上要讲求多品种。文献资源的载体包括印刷文字、缩微制品、电子文献。在发展印刷文本的基础上，要突出数字文本资源的建设，便于通过网络把信息传送到千家万户，让百姓通过图书馆享受信息社会的快乐。文化资源信息共享工程的建设将覆盖到全市的社区、村镇，使全市的百姓便利地享用首都图书馆文献资源。网络信息到村的服务，将有力提高图书馆的文献资源利用效率。

6. 政府职能的实现能力

公共图书馆是政府投资兴建的公益性机构，政府通过图书馆这一既古老又现代的机构实现对民众的信息服务，让信息公平使用，让社会文明和谐，使人类知识得以传授。 这是图书馆的神圣职责，履行了这一职责图书馆就具有了无比的竞争力。

履行政府职责与图书馆竞争力的增强是一致的。 图书馆在服务上做到位了，政府就加大投入；民众和社会认可赞扬，新闻媒体就会正面报道。 反之，图书馆就会在批评中举步维艰。 有为才能有位。 北京是中国的政治中心、文化中心，图书馆要全面加入两个中心建设中，在两个中心建设中完善自我、发展自我。

政府职能的服务也分几个层次： 民众层次、企事业机构层次、政府及职能部门层次。

以上分析思考，尽管还是初步的，但为事业发展的研究打开了思路，拓宽了范围，改变了以往只是研究图书馆内部，不研究图书馆外部，只关注自身建设，不涉及相关行业的局限，真正把图书馆事业的发展与竞争力放在社会更广的大背景下去研究、去思考。 这一事业发展竞争力的研究和思考，将对首都图书馆事业的发展起到参考作用。

公共文化服务视角下国内外学校图书馆开放服务研究*

随着公共文化服务体系的日益完善，图书馆在推动社会文化发展和繁荣的过程中作出了重要的贡献。作为公共文化服务体系的组成部分，学校图书馆具有丰富的馆藏资源和浓厚的学习氛围，不仅是促进全民阅读的主要场所，而且是公共图书馆的有益补充。近年来，学校图书馆向社会公众的开放服务得到了社会各界的广泛关注。从广义的角度来看，学校图书馆包括高校图书馆和中小学图书馆，这些图书馆的资源是笔巨大的社会财富。如果能充分利用这些资源，不仅能让寻常百姓共享校园书香，而且能促进全民文化素质的提高。

目前，我国学者主要对大学图书馆对外开放的现状、必要性、可行性等方面进行了研究，并提出了一些建议。笔者在文献研究过程中发现，国内相关文献主要集中在大学图书馆研究，而对中小学图书馆研究较少，尤其对国外学校图书馆的研究不够翔实具体。因此，本文试图从公共文化服务的视角出发，对美、日、英、德、澳等国家学校图书馆的具体实践进行对比，并分析

---

* 原载于《图书馆》,2012 年第 5 期(与博士生叶莎莎合作)。

了学校图书馆开放的社会价值，在借鉴国外相关经验的基础上，对我国高校和中小学图书馆的开放服务进行探讨，希望能对未来我国学校图书馆的发展有所启示。

1. 国内外学校图书馆的开放服务对比

（1）我国学校图书馆的对外开放服务

我国一些高校图书馆从 20 世纪 80 年代起陆续对外开放。其中深圳大学图书馆、上海交通大学图书馆等少数高校率先进行了有益的尝试。目前我国高校图书馆对外开放形式主要有 3 种：第一种是有条件的开放，如北京大学、中国人民大学等对校外读者开放，但读者须持相关证件办理临时阅览证，暂不提供文献出借；第二种是地区合作制，如同济大学、武汉大学等高校图书馆，采用与地区图书馆合作的方式向社会开放[1]；第三种是完全对外开放，如宁波大学园区图书馆，集高校图书馆和公共图书馆功能于一体，免费向公众开放。一些高校图书馆还通过馆际互借、发放短期阅览证、开展科技查新等方式对社会公众提供服务。

由于资源条件和安全管理等问题的制约，我国中小学图书馆对公众开放得较少。尤其在经济不发达地区，学校图书馆很少开展对外开放服务，甚至很多农村中小学图书馆形同虚设。尽管中小学图书馆开放还缺乏一些可行的操作规范，但我国已有部分中小学图书馆定期对外开放。例如，江西省上栗中学图书馆在双休日和寒暑假期间对外开放，校外读者持相关证件即可办理借书证。太原市青年路小学图书馆在暑期固定时间开放，通过发放免费门票的形式进行管理。无锡市部分中小学校图书馆向社区开放，通过发放会员卡的方式进行管理。虽然我国中小学图书馆对外开放比例较少，但逐步开放学校的公共资源是未来发展的趋势。

2002年教育部颁布《普通高等学校图书馆规程（修订）》规定："有条件的高等学校图书馆应尽可能向社会读者和社区读者开放。"[2] 2003年教育部颁布《中小学图书馆（室）规程（修订）》规定："各地要采取有效措施，积极开展各种读书活动，鼓励各地中小学图书馆（室）对社区、学生业余时间开放，提高图书的借阅率、使用率，充分发挥中小学图书馆（室）的使用效益。"[3] 2011年11月教育部相关负责人也表示："将来大学的图书馆，也有望逐步向社会公众开放，满足社会公众对于社会学科知识的学习需求。"尽管我国已经出台一些相关条例，但均属于鼓励性政策，并没有相应的图书馆法和具体的实施方案。

截止到2008年年底，我国共有小学300 854所，初中57 701所，高中15 206所，普通高校和成人高校2 663所[4]。除某些地区中小学无条件设置图书馆外，大部分院校均设有不同规模的图书馆。这些图书馆资源都属于公共资源，是笔巨大的社会财富。然而不少学校出于各种因素的考虑，不愿对外开放学校图书馆。事实上，很多学校图书馆的文献利用率并不高。据统计到2004年，我国高校图书馆的藏书流通率平均低于40%，个别还不足20%，这就造成资源的极大浪费。如果学校图书馆能为公众敞开大门，不仅能提高馆藏图书的利用率，而且能真正实现图书馆的价值和社会效益最大化。

（2）国外学校图书馆的对外开放服务

美国高校图书馆向社会开放的实践相对比较成熟。在美国，公立大学图书馆一般都向公众开放，无须出示任何证件。有些私立大学不对外开放，但并不严格拒绝外人进入。同时，大学图书馆分担着社区发展的责任，例如，耶鲁大学的服务理念是帮助纽黑文市成为“人人读书的城市”。通常公众可以免费阅读开架图书，借书则需办理借书证（按不同情况收费）。美国对中小学图书馆的发展也十分重视，全国有96%的中小学设有图书馆。为方便广大民众，一些中小学图书馆也对外开放，市民可以免费阅读图书馆的藏书。例如，美国飞利浦艾斯特中学图书馆作为全美十大顶尖私立中学图书馆，拥有25万册藏书量，校外市民可以参观图书馆并免费读书，只是不能借走图书[5]。美国学校图书馆的开放不仅满足了公众的阅读需求，而且让教育资源得到了充分的利用。

日本是世界上图书馆事业比较发达的国家，学校图书馆面向社会开放。据2005年日本《学术情报基础实态调查结果报告》数据显示：日本大学图书馆藏书总册数约2.8亿册，701家国立、公立、私立大学图书馆中有685家向社会开放，开放率达到97.7%。其中508家图书馆（占74.2%）出示相关证件即可入馆，77家图书馆（占11.2%）不需任何证件就可利用图书[6]。日本京都大学图书馆校外读者只要有工作证、学生证等证明，就可到图书馆办理“通用借书证”[7]。大阪市立大学的“市民利用制度”规定20岁以上市民可凭驾驶证、健康保险证等证件登记，获取读者证后入馆阅览，毕业生不收手续费，市民适当收费，可外借书籍5册，借阅期限2周[8]。日本学校图书馆向社会开放的普及，对周边地区的文化传播和市民的终身教育作出了重要的贡献。

除美国和日本外，英国、德国、澳大利亚等国的学校图书馆也不同程度地对社会开放。为了更清楚地了解各国情况，在此对一些国家学校图书馆的对外开放情况作以对比，如表 1 所示。

表 1　国外一些国家学校图书馆开放服务对比

国家	特点归纳	学校图书馆
美国	◆ 公立大学图书馆一般对公众开放，无需出示证件 ◆ 有些私立大学不对外开放，但并不严格限制 ◆ 大学图书馆为社区居民提供服务（如耶鲁大学） ◆ 阅读免费，借书适当收费 ◆ 不同读者权限不同	耶鲁大学图书馆 飞利浦艾斯特中学图书馆
日本	◆ 多数学校图书馆公众可凭相关证件入馆 ◆ 阅读免费，借书适当收费 ◆ 不同读者权限不同 ◆ 以流动图书馆形式服务公众	京都大学图书馆 大阪市立大学图书馆
英国	◆ 阅读免费，借书适当收费 ◆ 对校友、高校师生等部分公众免费（牛津大学）[9] ◆ 发放免费临时门票，有效期 1 周（剑桥大学）[10] ◆ 不同读者权限不同	牛津大学图书馆 剑桥大学图书馆
德国	◆ 对周围居民开放，社会服务占 40%（法兰克福大学） ◆ 很多高校中心图书馆承担社会服务功能 ◆ 公众可以看书，也可以借书 ◆ 借书需要办理借书证（提供相关证件和证明），交纳少许费用（海德堡大学）[11]	法兰克福大学图书馆 海德堡大学图书馆

续 表

国家	特 点 归 纳	学校图书馆
澳大利亚	◆ 大学图书馆基本都向社会开放 ◆ 阅读免费，公众可在馆内阅读和查阅资料 ◆ 部分人士借书免费，其他则适当收费（国立大学）[12]	悉尼大学图书馆 国立大学图书馆

2. 学校图书馆对外开放服务的社会价值

（1）促进资源共享，推动全民阅读

学校图书馆作为社会公共文化服务的组成部分，在教育资源共享方面具有重要的作用。不少国家的学校图书馆都面向社会开放，给校外读者带来了极大的便利。目前，我国公众对学校图书馆开放需求十分强烈，主要体现在以下两个方面。

首先，周边群众渴望利用学校图书馆资源。我国高校图书馆多分布在各大中城市，周边居民的文化素质普遍较高，其中还包括很多科研人员，这些人员对高校图书馆的需求较大。但很多高校图书馆只服务于本校师生，其他人员根本无法共享图书馆资源。不少研究人员在查阅大量资料时只能舍近求远地往返于公共图书馆。还有些中小学生渴望到附近学校图书馆看书学习，但大多数也只能望馆兴叹。

其次，毕业生渴望利用学校图书馆资源。不少毕业生在参加工作后，会遇到各种问题，希望利用母校熟悉的图书馆资源进行学习。国外一些高校图书馆都有向校友开放的制度，但我国高校图书馆基本不对校友开放。我国中小学图书馆的管制更

加严格，公众连校园都不能自由进出，又何谈图书馆资源的对外开放？ 从资源共享服务的角度来看，学校图书馆不应局限于为本校师生服务，而应敞开胸襟向社会公众服务，让文化教育资源得到更充分的利用。 学校图书馆在促进信息资源共享、推动全民阅读等方面具有重要的社会价值，应当取之于民服务于民。

（2）保障读者权利，造福普通民众

在知识经济时代，全社会都崇尚知识并坚持终身学习。 学校图书馆对外开放不仅是实现公众阅读权利的重要举措，而且是提高公民文化素质的重要途径。

一方面，学校图书馆对外开放实现了读者利用信息资源的基本权利。 学校图书馆和公共图书馆一样，是国家精神财富的重要组成部分，是全社会的共同财产，不是某单位私有财产，其服务对象应是全社会的每个公民，人人都有利用信息资源的权利。 民众不能因为没有考上大学或已从大学毕业，就失去进入学校图书馆读书的权利。 联合国教科文组织 1972 年颁布的《图书宪章》中指出：“每个人都有阅读的权利。 社会有责任保证每一个人都有机会享有阅读的利益。”学校图书馆的对外开放，不仅维护了社会公众获取知识的权利，而且推动了人类物质文明和精神文明的发展。

另一方面，学校图书馆对外开放是造福于民、互惠互利的公益事业。 大学图书馆的馆藏丰富，各具专业特色，其中不乏珍本善本，这些都属于全社会甚至全人类的宝贵精神财富。 但事实上，不少学校图书馆的文献利用率仅在 30% 左右，大部分文献价值都没有得到发挥，有学者认为这不仅是一种资源的浪费，而且是一种知识的歧视。如果大学图书馆能普遍对外开放，就相当于在各大中城市增加了很多公共图书馆，周围的民众必将十分受益；与此同时，大学图书馆也能赢得社会的尊重，获得公众广泛的赞誉，取得更多的帮助和支持。

学校图书馆对公众开放的社会价值，体现在社会文化发展的很多方面。除以上内容外，学校图书馆还承担着整合文献资源、传播文化知识、组织文化活动、促进终身学习等重要的社会功能。概括起来如图1所示。

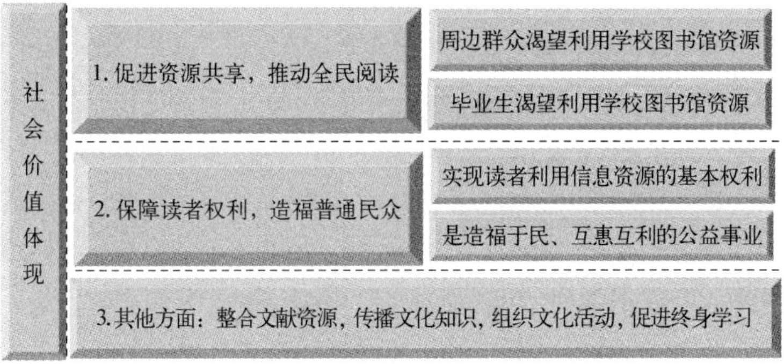

图1　学校图书馆对外开放服务的社会价值

3. 我国学校图书馆开放服务的制约因素和应对策略

（1）制约因素

由于各国的国情不同，我国学校图书馆在实际开放过程中还存在着一些制约因素亟待解决。

第一，馆藏资源占用[13]。我国学校图书馆对公众开放，并未赢得师生支持，相反不少师生表示强烈反对。一些学校图书馆在最初设计时没有考虑到社会公众需求，馆藏资源十分有限。还有些大学图书馆经常人满为患，即使是本校师生都很难找到座位。特别在期末考试期间，一般高校图书馆都会人数剧增。如果在这种情况下对公众开放，势必会招致师生不满，引起一些矛盾。

第二，校园安全隐患。由于我国人口数量众多，国民素质参差不齐，如果社会闲散人员大量涌入学校图书馆，可能会对校园师生带来一些负面影响和安全隐患。有学者认为，人口因素是造成国内外学校图书馆差异的根本原因。从管理角度看，国内很多学校图书馆还达不到公共图书馆在消防、安保、防盗、医疗救护等方面的要求。尤其是部分中小学图书馆，在管理上还存在诸多问题，其安全保护措施也不够完善。

第三，管理资金不足。学校图书馆实行对外开放后，对文献资源和电子资源的购置要求必将提高，而且图书馆的运营成本和管理成本也会提高，如果国家拨款经费固定不变的话，将会大大增加图书馆的资金压力。学校图书馆面临资金不足的问题，势必会影响其服务质量和服务效能。解决学校图书馆的资金问题，是实现对外开放服务的关键要素。

第四，人员设置安排。学校图书馆全面对外开放，图书馆人员的工作时间势必会增加。例如在寒暑假期间，学校师生大都放假休息，但图书馆工作人员仍要继续为社会公众服务，这种情况必然会引起学校图书馆人员的不满。此外，我国高校图书馆工作人员的福利待遇并不优厚，无法更好地吸引人才。中小学图书馆的工作人员更是处于边缘位置，不受学校重视。如果不能很好地解决这些问题，我国学校图书馆的对外开放之路必将坎坷而漫长。

第五，法律制度因素。至今为止，我国尚无一部完整的图书馆法出台。除教育部颁发的普通高等学校和中小学图书馆规程外，我国没有相关法律能保障学校图书馆对外开放政策的执行。由于没有明确的法律依据，多数学校图书馆不愿进行对外开放，有些也确实没有条件进行开放，实行对外开放的图书馆大多也处于自愿的状态。我国图书馆界应借鉴国外同仁的相关经验，为学校图书馆的对外开放政策提供法律保障。

（2）应对策略

学校图书馆向社会公众开放是一件利国利民的好事。尽管我国学校图书馆在对外开放过程中还存在一些问题，但这些问题会逐步得到有效解决。针对目前存在的制约因素，笔者提出了一些具体的应对策略供参考。如表 2 所示。

表 2　学校图书馆对外开放服务的应对策略

序号	制约因素	应对策略	
		采取方式	具体措施
1	馆藏资源占用	◆ 明确限定对外开放时间和次数 ◆ 适当限定校外读者的借阅权限	★ 一般的高校和中小学可利用周末或寒暑假时间错峰开放 ★ 有条件的高校图书馆应限制公众每日入馆时间和次数 ★ 学校图书馆在期末考试期间暂停对外开放 ★ 校外读者有馆内阅读权，登记办理借书卡后有一定借阅权 ★ 限定校外读者借阅图书的册数和借阅时间等

续 表

序号	制约因素	应对策略	
		采取方式	具体措施
2	校园安全隐患	◆ 对图书馆进行分区设置 ◆ 设置专门的公众阅览室 ◆ 借鉴公共图书馆安防措施	★ 馆内设置校内专业区和对外开放区两个区域分开管理 ★ 在图书馆外专设公众阅览室，以方便校外用户 ★ 在学校临街之处修建借阅室，与校园保持隔离 ★ 阅览需要出示有效证件（如身份证），必要时配备安检设施 ★ 加大安全管理力度，制订一些应急预案
3	管理资金不足	◆ 积极获得公共财政的支持 ◆ 努力获得各方民众的支持 ◆ 酌情为公众提供有偿服务	★ 中央和地方政府应投入专项资金给予支持和保障 ★ 寻求企业和公众的赞助支持，以缓解管理资金不足的问题 ★ 在公众接受的范围内提供一些有偿服务，如收取复印打印费、服务咨询费、借书卡成本费等，缓解资金不足的压力
4	人员设置安排	◆ 建立积极有效的奖励措施 ◆ 设专职部门和人员对外服务	★ 采取假期轮岗休息制，并实行一定的工作奖励机制 ★ 通过增发奖金等福利对假期工作人员进行激励和补偿 ★ 有步骤地设立社会公众服务部门，合理引进一些复合型人才 ★ 定期招聘学生勤工助学，降低岗位人员成本，缓解人力不足
5	法律制度因素	◆ 尽快出台图书馆法 ◆ 完善相关法律规范	★ 出台一部图书馆法，对学校图书馆社会化服务进行明文规定 ★ 修订增补教育部关于高校图书馆和中小学图书馆的规程，对学校图书馆开放的程序步骤、服务项目、借阅证办理及发放范围、馆际互借、收费标准等做出明确指示

① 对馆藏资源占用问题，可限定对外开放的时间和次数，适当限定校外读者的借阅权限。中小学图书馆可利用周末或寒暑假时间开放，有条件的高校图书馆可限制公众入馆的时间和人数。规定读者一年中可享受免费开放的时间和次数，如耶鲁大学图书馆为校外读者每学年提供 7 次免费服务，斯坦福大学图书馆规定校外读者在 12 个月内有 7 天（不一定连续）可进入图书馆免费使用馆藏资源[14]。为保证本校读者的优先借书权，学校图书馆可对校外读者的借阅权进行适当限制。如本校师生可以借阅 5—10 册图书，借期 1 个月；校外读者可借阅 1—5 册，借期 15 天。校外人士在办理借阅卡时，应出示相关证件并缴纳一定押金，以防止图书的毁损和丢失。

② 对校园安全隐患问题，可对图书馆进行分区设置，开设专门的公众阅览室。有两种方案供参考。一种是在图书馆内进行分区设置，分为面向校内师生的专业区和面向校外人士的开放区。对具有新、旧两个图书馆的高校，可将旧馆对外开放，并配备一定的安检设施。另一种是在图书馆外专设公众阅览室。学校图书馆通常建在校园内部，距离校门较远。如果能在校门附近专设公众阅览室，将大大方便校外读者；或在学校临街之处修建一个 200 平方米左右的借阅室，与校园保持隔离。校外读者进入阅览室需出示有效证件（如身份证等）；借书需按要求登记办理借书证。同时要加大安全管理力度，制订应急预案以防止意外事故发生。

③ 对管理资金不足问题，应积极获取政府和民众的支持，并适当提供有偿服务。学校图书馆要积极寻求政府、企业和公众的赞助支持。美国大学图书馆年度经费的 24% 来自社会捐赠和服

务收入。美国和英国的一些高校对公众开放也适当收取一定费用。例如，美国耶鲁大学图书馆一般公众看书免费，借书则适当收费。英国剑桥大学图书馆对非英国大学的访问者和公众，可交纳少许管理费获取有效期为6个月的读者卡。从经济学角度看，图书馆有偿服务会带来正外部效应，但不减少内部效应，也就是说有偿服务既能提高社会效益，也能补偿内部损益。

④ 对人员设置安排问题，应设立专职部门和人员，并建立有效的激励机制。日本学校图书馆的社会服务工作基本上都由较高职业素质的馆员完成；在英国甚至有专门部门负责这项工作。在讲究成本效益的社会，非功利性的制度安排通常很难真正落实，因此学校图书馆应建立有效的激励措施。如对假期工作的人员进行补偿；通过增发奖金等福利，提高员工对外服务的积极性。此外，学校图书馆还可在假期招聘一些学生以勤工助学的方式帮忙，不仅能降低岗位人员成本，而且能缓解人力资源不足的情况。通过配备专职部门和人员，建立合理有效的激励机制，学校图书馆可逐步实行对外开放。

⑤ 对法律制度制约因素，应尽快出台图书馆法，并完善相关法律规范。我国应制定一部完整的《图书馆法》，对学校图书馆社会化服务进行明文规定；同时修订增补关于学校图书馆的规程，对学校图书馆向社会开放的程序步骤、服务项目、借阅证办理及发放范围、馆际互借、收费标准等做出明确指示。日本1953年就制定了《学校图书馆法》[15]；1990年颁布了《终身学习振兴法》，要求各地区的大学图书馆面向社会开放等[16]。我国应该尽快出台相关法律规范，为学校图书馆向公众开放提供法律保障，从而使丰富的图书馆资源得到充分的利用。

4. 结　语

随着社会的进步和发展，图书馆在公共文化服务领域中发挥了不可替代的作用。 在构建公共文化服务体系的过程中，图书馆最重要的任务是让民众能够平等、自由地获取信息资源，这不仅仅是公共图书馆的责任，学校图书馆、专业图书馆等其他类型的图书馆也同样有责任参与公共文化服务体系的建设。 对于广大民众而言，学校图书馆面向社会公众开放，不仅能促进信息资源共享、推动全民阅读，而且能保障读者权利、造福普通民众。

随着公众对信息需求的不断提高，学校图书馆向社会开放是时代发展的一种必然趋势。 在快餐文化盛行的今天，网络阅读、手机阅读已成为很多百姓获取信息的主要方式，但文本阅读仍是百姓获取知识的主要途径。 当今社会，愿走进学校图书馆看书之人多属于真正渴求知识者，若把这部分读者拒之门外，图书馆的社会价值又何以体现？ 图书馆是传播文明的圣地，读者可以在图书馆里感受文明的洗礼，得到文化的熏陶。 学校图书馆面向公众开放，不仅能让校园书香飘万家，而且能推动全民阅读的热情，促进全民的终身学习。

参考文献

[1] 陈　曦,黄　虓.信息资源共享条件下高校图书馆对外开放的探讨[J].

科技情报开发与经济，2011(12)：61－63.
[2] 教育部. 普通高等学校图书馆规程(修订)[EB/OL]. [2011－12－10]. http：//www. eol. cn/20020610/3058180. shtml.
[3] 教育部. 中小学图书馆(室)规程(修订)[EB/OL]. [2011－12－15]. http：//www. jbedu. net/ newsInfo. aspx? pkId＝25402.
[4] 中国图书馆学会，国家图书馆. 中国图书馆事业发展报告 2009 [M]. 北京：国家图书馆出版社，2010.
[5] Phillips Exeter Academy Library, Phillips Exeter Academy[EB/OL]. [2011－11－28]. http：//www. exeter. edu/libraries/553_4209. aspx.
[6] 刘艳红. 国内外高校图书馆社会服务的现状比较与启示[J]. 图书与情报，2011(2)：102－105.
[7] 刘　莉. 中外高校图书馆对比研究[J]. 长春大学学报，2008(3)：59－60.
[8] 陈枝清. 日本大学图书馆面向社会开放及对我国的启示[J]. 图书馆建设，2008(9)：101－103.
[9] Bodleian libraries, Oxford University library [EB/OL]. [2011－12－19]. http：//www. bodleian. ox. ac. uk/services/admissions/procedure.
[10] CAMBRIDGE UNIVERSITY LIBRARY. Eligibility for access to the University Library [EB/OL]. [2011－12－20]. http：//www. lib. cam. ac. uk/ admissions/eligibility. html.
[11] HEIDELBERG UNIVERSITY LIBRARY. Reader services [EB/OL]. [2011－12－21]. http：//www. ub. uni－heidelberg. de/Englisch/allg/ benutzung/bereiche/ausleihe. html# ausweis.
[12] ANU LIBRARY. Advice for external users [EB/OL]. [2011－12－21]. http：//anulib. anu. edu. au/services/ external. html.

[13] 沈小玲. 论图书馆的经济学属性——公共物品[J]. 中国图书馆学报，2001(1)：80－82.
[14] 张文青. 美国大学图书馆服务对象分类探析[J]. 大学图书情报学刊，2011(2)：90－92.
[15] 沈丽云. 日本图书馆概论[M]. 上海：上海科学技术文献出版社，2010.
[16] 李国新. 日本公共图书馆立法[J]. 中国图书馆学报，2011(2)：75－81.

儒者丐者　一概欢迎*

公共图书馆敞开大门，向社会所有人等免费开放，不仅已成为图书馆界的共识，也已成为公共图书馆自觉服务的行动。开放、平等、免费是现代公共图书馆的重要标志。

图书馆的历史悠久，有了人类文明就有了图书馆。1852年英国曼彻斯特公共图书馆建立之初就提出，公共图书馆由政府兴建，实行免费服务和社会成员无区别服务。2008年中国图书馆学会发布的《图书馆服务宣言》中指出："现代图书馆秉承对全社会开放的理念，承担实现和保障公民文化权利、缩小社会信息鸿沟的使命"。对社会开放，保障公民文化权益，以人为本，实行无区别服务，是图书馆的基本原则。

杭州图书馆的读者中有人对乞丐和拾荒者入馆阅读无法接受，并找馆长讨个说法。诸馆长的说法是："我无权拒绝他们入内读书，但您有权选择离开。"这一说法不仅是对杭州图书馆部分读者有力而又公平的回答，也是对全国公共图书馆读者中不理解不接受乞丐入内阅读的正义而又公正的回答。这一回答也代表了全国图书馆界特别是公共图书馆界的共同心声。少数读者

---

* 原载于《中国文化报》，2011年2月10日。

不接受乞丐入馆阅读这一事例说明：公众对公共图书馆的性质、职能还不甚了解，国家缺乏相应的法律制度保障民众的阅读权利；公共图书馆的服务还没深入民众文化生活中，民众对图书馆存在的价值意义知之甚少；公共图书馆、新闻媒体宣传介绍的力度不够，没有让广大民众家喻户晓。如果公共图书馆的服务不广泛融入民众的文化生活中，类似的不理解甚至拒绝还将发生。

公共图书馆作为一种制度安排，主要是用来体现社会公平、正义和民众权益的。各个国家各级政府都要设立图书馆，由图书馆行使为民众提供阅读服务、文化休闲的职能。公共图书馆的设立是人类进步和社会文明的象征，它是社会共有的财富，为社会所有民众服务。公共图书馆不仅为普通民众服务，还特别关注残障群体，为他们提供专用的服务设施。公共图书馆还把服务延伸到服刑人员、未成年少年犯等人群，让他们也能体验阅读服务带来的人文关怀。

公共图书馆是用纳税人的钱兴建的，每年的事业经费也是纳税人的钱支付的，图书馆的设立取之于民，为民所用，免费开放，平等服务，无区别接待，天经地义。图书馆工作人员只有服务的义务，没有拒绝任何人入馆阅读的权利，让每位入馆阅读的民众充分享受到自尊、自由是图书馆的职责。2002年颁布的《北京市图书馆条例》第二十九条中规定：读者享有免费借阅书刊、免费参加各种读者活动、免费进行书目检索及获得工作人员提供的关于利用馆藏和网络文献信息资源指导的权利。全国应设立图书馆法，进一步保障民众免费利用图书馆的权益。

顾名思义，公共图书馆中的“公共”二字表明，图书馆是大家的，全社会任何人都可以拥有它、利用它。到图书馆来学习、阅读不需要有惧怕感，甚或是要看谁的脸色行事。公共图书馆的性质是公益性文化服务单位，按照中央文件的规定，属于“增加投入、转换机制、增强活动、改善服务，实现和保障广大人民群众基本文化权益”的部门。“公益性”和“广大人民群众基本权益”清楚地定义了公共图书馆在社会中的功能定位和扮演的角色。

和其他部门行业相比，公共图书馆是最能体现社会公平正义的场所。住不起别墅、开不起轿车、穿不起盛装，甚至穷得一分钱都没有的人，都可以信步挺胸地来图书馆阅读，并能毫无差别地享受到与住别墅、开轿车人一样的服务和待遇，受到一样的尊重。2001年首都图书馆新馆启用之时就郑重向社会宣布：乞丐入馆，一视同仁。经过十年的开放服务，首都图书馆已成为民众心目中没有门槛的图书馆，成为文化休闲之所和享受社会公平和权益之所。

《汉书·艺文志》的编撰及其特点*

《汉书·艺文志》(下称《汉志》)系依据《七略》改编而成，且有所创新，是我国现存最早的一部古典书目。它的产生，开创了利用官修书目在正史中编撰“艺文志”的先例。对于这类书目，郭沫若有中肯的评价，指出：“历代史书多有‘艺文志’，虽仅具目录，据此也可考察当时的文化发展情况之一斑。”[1]就《汉志》的编撰思想和内容特点作一探讨，对于总结中国目录学的遗产与传统，更好地发挥史志书目的作用，都有一定的意义。

《汉志》作为《汉书》中的一个组成部分，它的编撰体现了班固的目录学思想和方法；但是，就书目的基本体系以及主要内容，与刘向、刘歆的《七略》又有着直接的因袭关系。根据《汉志》的记载和《七略》的残卷佚文，刘氏父子等人编撰《七略》的过程是这样的：校勘图书；编写叙录；种别群书。范文澜说：“西汉有《史记》《七略》两大著作，在史学史上是光辉的成就。”[2]《七略》的产生，为编撰综合性系统书目创立了一套科学完整的工作程序，它不仅在我国，就是在世界文化史上也是个重要贡献。

---

* 原载于《武汉大学学报》(社会科学报)，1982 年第 2 期。

1. 《汉志》编撰的指导思想

《七略》产生后不到一百年时间，班固写作《汉书》因《七略》"删其要，以备篇籍"，在古典书目中又开辟一新的领域。班固在《汉书》中以《七略》来"备篇籍"是有其一定思想的。

首先，为《汉书》的写作思想服务。历史家写历史都有个思想目的。司马迁写《史记》，他要"究天人之际，通古今之变，成一家之言"。班固写作《汉书》的目的，则是要在思想领域维护和巩固东汉的封建统治。而《七略》在编撰目的以及所表现的思想倾向上，与《汉书》基本是一致的。

班固为封建统治阶级服务的这种目的，主要表现在创立断代史的思想上。班固（公元 32—92），字孟坚，后汉扶风安陵（今陕西咸阳市东）人。他出生在一个豪富并且有正宗家学传统的家庭，从小受到儒家思想的熏陶。二十七岁开始了纂修《汉书》的工作，受家学尤其是父亲班彪的影响很深，常常以为凭着"二世才术，位不过郎"而自论，恨自己生不逢时，"以不遭苏、张、范、蔡之时"* 而自通，"夫德不得后身而特盛，功不得背时而独彰"。** 他要继承父志，重振祖业，在政治上就不得不适应统治阶级的需要，在思想上也就不能不尊儒。他创立断代史的体例，总结西汉一代的历史编成《汉书》，就是适应统治阶级的需要为当时统治者的政治服务的。汉明帝曾暗示班固写史的立场，说"司

---

* 见范晔：《后汉书・班彪列传》。

** 见班固：《汉书・叙传》。

马迁著书，成一家之言，扬名后世”，这是人所共知的。“至以身陷刑之故，反微文刺讥。贬损当世，非谊士也。司马相如，夸行无节，但有浮华之词”，在临死的遗书中，仍念念不忘“颂述功德，言封禅事”，这才是忠臣的榜样，比司马迁好得多。* 这番谈话的用意，班固是心领神会的，所以他要“常伏刻诵圣论，昭明好恶，不遗微细，缘事断谊”，来“光扬大汉”，写一部尊儒宣汉的史书，“综其行事，旁贯五经”，为封建统治阶级服务。

西汉末年，成帝任命刘向等人校书编目，是汉武帝独尊儒术，罢黜百家，以及公元前51年石渠阁讲五经同异，宣帝亲临决断之后，汉王朝最高统治者加强学术思想控制，巩固封建统治采取的又一措施。对于刘氏父子受命完成的这项工作，班固是很看重的，不止一次地在《汉书》中提起：“刘向司籍，辨章旧闻，扬雄谭思，法言太玄，皆及时君之门闱，究先圣之壶奥”。** 这是谈《七略》的历史作用和儒家思想，也含有自己依《七略》“备篇籍”的原因。《七略》在分类上按照封建皇帝进行统治的需要来排列次第，思想本质反映了皇权思想；在评论中把六经说成本，把诸子等说成是六经的支流余裔，贯穿了尊崇儒术的思想。另外，《七略》说《易》为五经之源，与天地共终始，而五经之学则“世有变改，犹五行之更用事焉”。这种神学思想，也正是班固要在《汉书》中说明的“汉承尧运”，“协于火德”的观点。由于思想观点上的这种关系，班固不仅以为《七略》只是“及时君之门闱”的工具，而且尊称为“纬六经，缀道纲”的经典。在思想

---

* 见班固：《典引叙》，见《文选》卷四十八。

** 见班固：《汉书·叙传》。

上，符合他写作《汉书》“综其行事，旁贯五经”，尊儒宣汉的需要；在时间上，也基本合乎《汉书》“终于孝平王莽之诛”的断代。所以他把《七略》删减后编入《汉书》，以重其说，为“论大道”，“先六经”的正统史学思想服务。

其次，阐述文化学术史的思想。班固编撰《汉书》掌握的历史资料是非常丰富的，他的取舍标准是什么呢?《董仲舒传》中说：“掇其切当世，施朝廷者著于篇。”《贾谊传》：“凡所著述五十八篇，掇其切于世事者著于传。”由此可见，班固选择史料的标准是为了“切于世用”。《七略》的编撰者刘向、刘歆父子在班固的心目中是博学的榜样，他们“其言甚切”，“博物洽闻，通达古今，其言有补于世”，* 是最“切于世用”的。所以，在《汉书·五行志》中采用刘向《洪范五行传论》约一百五十二条，刘歆《洪范五行传》七十三条；《汉书》的其他部分对刘向《新序》《说苑》等也多采用。班固利用刘氏父子的著述写史，他说：“刘氏《洪范论》发明大传，著天人之应。《七略》剖判艺文，综百家之绪。《三统历谱》考步日月五星之度。有意其推本之也。”** 这说明他的思想是刘氏父子思想的继承。需指出的是，班固在《五行志》中继承了刘氏父子的神学观点，而在《艺文志》中则继承了他们的人文主义思想。对《七略》的继承，在史学上是个重要贡献，这种贡献在于班固创立了史书中记述文化学术史的体例。

《汉书》中的十志是从《史记》八书取法发展而成的。在文化学术方面，《史记》没有专设篇目，只是在《自序》里转述了司

---

* 见班固:《汉书·楚元王传》。

** 见班固:《汉书·楚元王传》。

马谈的“论六家要旨”，论述了汉初诸子的学术状况；《儒林传》虽说是一种学术史的体例，但也只是就经学的家别传授作为叙述内容。这些记述不过是文化学术的一部分，既不系统，也不全面。而汉代在文化学术上是很有特色的，除经学及诸子外，史学、文学、军事和天文、医药等科学技术都取得了很高成就。对于这些方面的文化成就，刘向等人在整理图书时都作了系统的叙述和总结。在当时，《七略》的形式已成为学术史的主要表达形式，在这种历史条件下，利用《七略》的成果加以改编，用“备篇籍”的方法来反映文化学术史，条件是成熟的。对于《七略》的学术史性质，班固在《艺文志・序》和《叙传》中表露出自己的认识。这两段话有 3 层意思：一是图书和学术兴衰的原因；二是刘向司籍的作用；三是“备篇籍”的意图。他既讲了图书文化的简单发展过程，也论述了图书与学术之间的关系，同时还说明了“爰著目录”不仅是为了发展学术，使孔子的“微言”、“大义”弘扬光大，而且也是为了反映文化学术史。班固作为两汉之际史学上的代表者和总结者，把作为学术史形式的《七略》编入《汉书》，对《史记》记述学术源流的工作是个发展，在这方面体现了班固的创新和成就。

第三，保存古代藏书的目的。班固的家世和他的一生与图书有很密切的关系。伯祖班斿与刘向共校秘书，并得到皇帝的赏赐，得到不少秘书副本。到他父亲时，由于家中有这些赐书，在社会上颇有影响。班固本人从受诏校书到著书立说，都在与图书打交道。他在写作《汉书》的同时曾编有《东观新记》《仁寿闼新记》《兰台书部》和一部资料目录。在当时那种书籍制度历史条件下，又因自己的切身经历，对图书的作用和刘向校书的意义有清楚的认识。他在《叙传》中说："固以为唐虞三代，《诗》《书》所及，世有典籍，故虽尧、舜之盛，必有典谟之篇，然后扬名于后世，冠德于百王，故曰：'巍巍乎其有成功，焕乎其有文章也'。"这里不仅是说自己著书的目的，也是谈图书的传世作用。在《叙传》的《艺文志》自述中，班固也谈到图书及刘向司籍的作用，称赞刘向是孔子之后第一个有功于图籍的人。这里既是对孔子、刘向的赞颂，也是以继"刘向司籍，九流以别"而述《艺文志》自况的。从历史上看，班固借书目保存图书的目的是达到了。邵晋涵说："班孟坚《汉书》因刘子骏《七略》作《艺文志》"，而"西京书籍略见其梗概矣"。*

综上所述，刘向刘歆创体以来，班固是首先认识到《七略》的学术价值，并加以创新发展的目录学家。他的这一创新，在我国古典目录学中产生了很大影响，为后来史志书目的编撰和补撰奠定了基础。

2.《汉志》的内容特点

班固从《汉书》的具体写作情况出发，对《七略》进行了"删其要"的加工，从而使《汉志》在体例上与史书紧紧地结合在一起，体现了史志书目在编撰内容上的特点。就《汉志》的思想内容来说，既有"因袭"的一面，也有"创新"的一面；从历史上讲，无论因袭或是创新都有其积极的意义。下面就在《汉志》与《七略》异同的基础上，来谈谈《汉志》的内容特点。

---

* 见邵晋涵：序钱大昭.《补续汉书艺文志》。

（1）分类体系的基本内容

班固在《汉志》中因袭了《七略》分类体系的基本内容，为什么没有像因袭《史记》中的材料而改变它的体例那样，另起炉灶，重创一体呢？这与分类体系的内容有重要关系。

首先，这部分类体系汇总了先秦尤其是汉代文化学术的内容。春秋战国时期，我国的文化学术呈现出繁荣兴盛的景象，秦代焚书坑儒，除一些医药种树等书籍没受损失外，其他诸子经传遭到严重损失。到西汉末年编撰《七略》时，则形成了六大部类三十八小类的分类体系，并因此著录了数以万卷计的图书，这种发展变化的过程，正是西汉一代文化学术发展的历史。在概括和反映这种历史方面，这部分类体系既直观又系统，形象全面地描述了它的成就特点，给班固《汉志》的直接因袭提供了内容方面的条件，没有必要重创一体，或是改编成其他表达形式来完成这一记述文化史的历史任务。班固的这种因袭，表现了他以书目形式反映文化史的卓见学识。

其次，这部分类体系体现了汉代的正统思想。刘向、刘歆奉命编撰《七略》，所以整个分类体系贯穿着封建正统的思想。在类目次序上，它把《六艺略》列在首位，其他诸子与技术等则被列入从属的类目中；在评论中，《七略》把六经看作是万世不变的经典，五经代表“五常之道”，对封建统治阶级的作用是“相须而备”的，而在整个世事变故中，始终起主导作用的是讲阴阳变化之道的《易》，这种神学思想正是当时盛行的历史循环论的思想。另外，它还把诸子百家说成是“六经之支与流裔”，这里又贯穿了崇尊儒术的思想。《七略》中的这些思想，给班固的直接因袭又奠定了思想方面的基础。

再者，这部分类体系反映了当时各个学术门类之间的联系。首先，它在类属上反映了有关门类之间的关系。如《六艺略》除了易、诗、书、礼、乐、春秋六类经书外，还包括有论语、孝经、小学三类书。这是因为论语、孝经是孔子所阐述的言辞，可以与六经相表里，作为经学的入门书；小学是字典等文字学方面的书，不仅是读经启蒙的基础，而且被认为是治经的根本。《六艺略》把论语等三类书附于六部经书之后，反映了它们在思想内容上的从属关系。其次，在类目排列上反映了学术门类的发展关系。《诗赋略》分为五小类，它先列先秦之诗，后排汉代之赋。其中最后《歌诗》一类全录汉代作品，反映了诗赋在古代的发展源流及作品体裁的异同。总的说来，《七略》以类次图书的形式来描述文化学术之间的一些关系，达到了较高的水平，这又给班固的直接因袭在学术质量方面增添了因素。

（2）序文的编写体例

班固因袭了《七略》的分类体系，但并没有完全继承它的书目体例。他把《七略》中论述各类学术源流得失的《辑略》根据史书体例的要求，改编后各入其类，尽管文字上更易不多，但体现了班固在书目体例上的创新。

史书的体例基本可分为本纪、世家、列传、年表和书志五部分，不过也有增分为论赞、叙例七部分的。* 论赞是写在每篇之后用以叙述或总结全篇内容要旨的文字，它较早的形式是“君子

---

* 见《中国史学论文索引》上编。

曰”(《左传》)、“太史公曰”(《史记》);班固在《汉书》篇末把他的评论之辞皆称为“赞曰”，这在史书体例上是一个进步和贡献。在对《艺文志》的编撰时，也用史书的这种体例对《七略》进行改编，使论述有关大、小类的序文和各类图书归附在一起，互相维系，不仅使《艺文志》的体例和史书做到了统一，也使书目更加条理清晰，为以后历代书目体例所效仿。

大、小类序在《汉志》中起着论辩和总结学术的作用，它的写作之精要，内容之广泛，为历代学者所称颂。《六艺略》的类序最为详尽：首先阐明经书的要旨以及一些历史情况；然后重点考究经传的师承传授和学术分布。在时间顺序上每部经书都是按照上古、春秋战国、秦、汉几个历史阶段进行分期叙述，重点又在汉代。这样的写作体例和内容，对于全面了解经学的历史和现状是有价值的。《诸子略》中的序文，是先秦以来诸子学术的全面总结。它的写作体例仿自司马谈的《论六家要旨》而有所发展。每家小序言简意赅，首先述明学派的起源，其次揭示学派的思想要旨，然后论述学派的思想得失。其他各类序文分别叙述其官守渊源和学术成就，文字较为严谨。对于《汉志》中的序文，古今都把它看作是“最为明道之要”的精华部分。如果说《汉志》的类别还只是部次了文化学术门类的大势，那么这些类序则对每个门类作了进一步专深的论辩和总结，保存至今，成了我们了解古代学术源流的珍贵文献。

(3) 著录上的调整与补充

班固编撰《汉书》善于利用前人的成果，但又不照录原文，而是进行整理加工，创新补充。他的这样编撰方法表现在《汉志》中，则是对《七略》“删其要”时所作的“精确考核”，使之与《汉书》“首尾洽通”，系统全面地著录了西汉藏书。

关于“出”、“入”、“省”的加工。刘向、刘歆等校书编目，以当时的图书和学术门类设目立类，著录图书，班固对此似不必一一过目考核就可以转录进《汉志》中去，其实不然；他仔细核对图书的内容和类别，对一些图书的类属重新作了“出”、“入”的调整以及删“省”的加工，并对这些变更给予注明，表现了在著录上与《七略》的不同。所谓“省”，就是对一些重复著录图书的删省，这个问题长时间争论不休，因为它涉及互著、别裁的著录方法问题。就目前的材料来看，《汉志》中确有类似我们今天所说互著、别裁的著录方法，但这种方法的出现不是自觉的，而是当时书籍的具体历史条件造成的。

关于几部图书的补充著录。班固在《汉志》中表现出的另一创新精神，就是在断代史学思想指导下对《七略》著录未尽图书的增补。所补刘向、扬雄、杜林几家图书，虽然还不能弥补《七略》成书后近三十年的著述，但所表现出的思想是非常明确积极的。

关于“首尾洽通”的著录编次。《汉书》是断代体例，而在《艺文志》中却表现出记古今通代图书的内容。《艺文志》作为《汉书》中的一篇，两者在内容体例上是不是有些矛盾，对此有人表示质疑。实际上《汉书》十志和《古今人表》的内容都不限于汉代，这样编写的目的是要“以通古今，备温故知新之义”，* 使其上下联贯起来，便于了解文化学术的发展变化。所以班固在对

---

* 见班固：《汉书·百官公卿表》。

《七略》改编时没有删除汉代以前的著述，而是作为一个文化整体给予全面的著录，时代相续地反映图书文化的历史。

《汉志》在著录编次上的特点，首先按照图书的时代先后排列，其次是以学术的发展源流。尽管一些图书在著录上有些杂乱，但就书目的整体而论，图书文化的先后、学术思想的流别还是能够分辨清楚的。《汉志》的这种著录图书的方法，在我们今天书目的编撰中仍有一定的指导意义。

（4）注语的思想与内容

班固《汉志》的另一个特点，就是在对《七略》“删其要”时所表现出的博洽，他把书目“辨章学术，考镜源流”的任务结合史书其他部分的编撰来完成。古人一向认为“史之所难，无出于志”。一般说志贵在博而约，是较难写作的。班固《汉志》采取寓繁于简的形式，对《七略》中的图书叙录全部删除，加上简单的注语，既较好地完成了文化学术史的任务，也做到了与史书体例的统一。班固所加注语，内容广泛，文字精要。第一，注明“有列传”，使《汉志》与史传联系起来。《诸子略》儒家，《晏子》八篇下注曰：“名婴，谥平仲，相齐景公，孔子称善与人交，有《列传》。”注明《史记》中有列传的注语有十一处，虽然对图书作者有列传的没有一一注明，但已指出“存其部目于《艺文》，载其行事于列传”的“详略互见之例”。* 根据这一注语的旨意去参阅有关列传，不仅可以了解到作者的生平事迹和思想倾向，同时也能得到作者的整个著述情况，在某种程度上起到了刘向叙录

* 见章学诚：《校雠通义·内篇三》。

的作用。第二，注明图书缺佚真伪，确定图书价值。《七略》成书后，新校定的图书又遭战乱的损失，班固从目录学的眼光对一些亡缺图书作了说明。《六艺略》小学类《史籀》十五篇下注曰："周宣王太史作大篆十五篇，建武时亡六篇矣。"关于图书的真伪，班固从不同角度给予注明。一是从内容上说明的，如《伊尹说》二十七篇注云："其语浅薄，似依托也"；一是从时代上考证的，如《力牧》二十二篇注云："六国时所作，托之力牧"；一是从语言文字上着眼的，如《大禹》三十七篇注云："传言禹所作，其文似后世语"。第三，注明图书内容性质。《高祖传》十三篇注云："高祖与大臣述古语及诏策也"；又如《议奏》三十九篇注云："石渠论"。第四，注明图书作者。《凡将》一篇注云："司马相如作"；还有从作者时代的角度注明的，如《封禅议对》十九篇注云："武帝时也"。注语的范围从图书作者、内容以及真伪等各个方面给予说明，为读者的利用带来很大方便。这一方法开创后，在《隋书·经籍志》等史志书目中得到了继承。但是，注语又很不全面，《六艺略》《诸子略》较详，而在《数术略》《方技略》中甚至一个注说也没加，反映了班固在著录图书上的偏见。

朱彝尊在《经义考·著录篇》中评论说："班固《汉书》依《七略》作《艺文志》，诚良史之用心，而史家体例之不可少者也。"《汉志》以后，正史中以例编撰《艺文志》(或《经籍志》)的有六种；清代以来对史书缺《艺文志》的作了补撰工作，往往一部史书就有好几家；据统计，这类补撰的史志有五十余家，在目录学领域形成一个小小的流派。丰富的史志书目为我们了解历代图书文化发展的历史提供了宝贵资料。就《汉志》的学术价值而论，首先表现在对先秦以来所有的图书进行了整理编次，使杂乱的古今图书从此有了一本清册，现在我们之所以能够知道古代图书的一些情况，全凭它的著录和启发。其次，它发展了学术分类的概念，把当时的图书系统清晰地著录在类表里，通过这幅分类表的画卷，我们可以看到西汉末年以前整个文化学术的概况。另外，它在著录部次图书的基础上对文化学术的各个门类分别给予评论，尽管其中夹杂一些阴阳五行的术语，但基本上已脱离了神学的轨道，而就具体的社会现象和自然现象作了人文主义的解释。这些评论和总结，可作为我们今天科学研究的依据。

参考文献

[1] 郭沫若. 就当前历史研究工作中的几个问题答《新建设》编辑部问[N]. 光明日报：1959-4-8(3).
[2] 范文澜. 中国通史第2册[M]. 北京：人民出版社，1949.

类书新编　传统有续*

中国历史上特有的一种著作类型——类书，在停滞了100多年后重新受到文化学术界的重视。自1990年以来，编纂出版的新类书20余种，其数量之多，超过类书史上任何一个兴盛时期。尤其值得提出的是，由全国300多名专家倡议，任继愈同志任编纂委员会主任的《中华大典》的编纂工作已于20世纪80年代后期开始。《中华大典》拟分哲学、宗教、政治、军事、经济等21典，92分典，所收文献上起先秦，下迄“五四”，计收古籍2万种，约7亿字。它不仅是新中国成立以来最大的一项文化出版工程，而且也是有史以来规模最大的一部巨型类书。它的编纂将在中华民族文化史上写下辉煌的一页。这批当代类书的问世足以说明，类书作为中华民族的一个文化传统并没有衰亡，仍在延续。

1. 当代类书的编纂

当代类书继承古代的类书编纂方法，并根据今天社会的需求

---

* 原载于《北京图书馆馆刊》，1992年第2期。

进行了一些改进，无论从编纂思想还是从编纂方法上都体现了时代特点。

（1）去粗存精　弘扬民族文化

今天，精神文明建设的一项重要任务，就是继承民族文化遗产，弘扬民族文化精神。中国数千年所创造形成的民族文化，有许多积极因素、宝贵思想值得我们去挖掘整理，总结借鉴。正如《中国历代文献精粹大典》序中说的："中国历史上下 5 000 年，历代王朝交相更替，阶级关系不断变化，但人们在改造自然、治理国家、提高自身素质方面，积累了许多共同的精神财富，是不同时代、不同阶级的人都可以接受、利用和借鉴的。"当代类书的编纂就是一项对民族文化挖掘整理，从而方便人们利用借鉴的具体工作。

历来类书的编纂都是在一定思想指导下进行的。古代类书编纂的主要目的是供皇帝及皇族阅览有关治乱兴衰、君臣得失的事迹，以为统治的借鉴。在这种思想支配下，宋代王钦若等在编纂《册府元龟》时，专门辑录历代君臣事迹，取材范围也限于正史，兼及经书或子书，对于天地时序、动植器物等方面的资料及小说、杂书一概不录。当代类书的编纂是吸取民族传统文化的精华，并结合时代的特点加以发展，推陈出新，使它不断发扬光大。在这一思想指导下，当代类书的编纂者采取科学的态度，谨慎细致地在浩瀚的历史文献中进行挖掘整理工作，剔除糟粕，摘录精华，从数以万计的文献中辑取精粹章段。如天津社会科学院编纂的《中华民族优秀传统汇典》，把摘取来的资料分为爱国、勤劳、智慧、勇敢、重德、革命等编，从这些类目中就体现了中华民族优秀传统的基本特征。这批类书的出版，对于总结民族文化，增强民族自信心，繁荣文化事业，都将发挥重要作用。

（2）引言论说　指点学术迷津

类书编纂的一个基本特征就是摘抄资料，“辑而不作”。为了阅读利用的方便，有些类书在采摘排比资料的基础上，于部类前撰写有总论性的文字。《册府元龟》每部前有“总序”，总述本部的制度、事迹沿革；每门（二级类目）前有“小序”，论说各类的内容。这些纲领性文字对于了解各门类内容及其源流得失很有帮助。当代类书继承了古代类书中这一编例，并把它发扬光大，广泛应用于每种类书之中。

《中华思想宝库》于每篇（大类）之前设有“引言”，勾画本篇的思想要点及其发生发展过程，文字有数千字之多；子目（小类）前有“提要”，概述本目的内容精华，以便读者理解其中包含的内容，文字简练，有数百字。《马克思主义思想宝库》的论说最为详细，于每个学科前撰写有 10 万字左右的概说，叙述本学科的历史、形成、特点及其发展。这些论说文字有如古代书目中的类序，可以起到“辨章学术，考镜源流”的作用。对于研究者，可供学术交流切磋；对于广大普通读者，则便于把握文献要旨，起到指点学术门径的作用。值得指出的是，这些论说文字多由造诣精深的专家学者撰写，言简意赅，内涵十分丰富，是作者对民族优秀传统的审视和阐扬，是深层次的理论探讨[1]。

（3）古今兼容　提供系统资料

当代类书编纂的另一大特点，就是注意近现代及当代文献的选录，以丰富的古今相续的文献证明中华民族的优秀传统与当今文化不可割断的紧密关系；同时也给人一种启示，即古代的优秀文化必然对当代社会发生影响，并将影响中华民族的未来。大部分类书把近现代文献按时代相续的组织方法，分别收录到各个类目中去。为了突出现当代文献，有些类书或别为一编，单独成书，或独为一类，自成篇章。如《中华掌故类编》收录上起先秦下至民国的掌故5 000余则，对于1911年以来直至1949年新中国成立以后的掌故另成《中华掌故类编续编》。《中华民族优秀传统汇编》则根据文献内容特点，把中国共产党的优秀革命传统单独立为“革命”一大类，以反映共产党人的理想、奋斗、作风、情操、纪律等资料。《马克思主义思想宝库》所涉及的人物包括刘少奇、周恩来、朱德、邓小平、陈云以及拉法格、梅林、倍倍尔、布哈林等，从中外系统的资料中反映马克思主义的发展。此外，当代类书对于科学技术方面的文献给予很大重视。《中国历代文献精粹大典》把“科技”立为一大部，并广收物理学、数学等文献中的资料。当代类书古今兼收、中外并容，给人们提供了系统全面的资料，从资料的排比中可窥见各学科门类的发展。

（4）科学排比　方便读者查检

一部类书少则数百万字，多则千万字乃至数亿字，对这么大的文字工程进行组织排比，其难度是很大的。传统类书多沿用天、地、人、事、物的分类框架，这一体系无论从思想上还是利用的角度，都已不适宜时代的要求。当代类书必须另辟蹊径，按照文献内容范围特点及今天读者利用的习惯，重新设计构筑框架。从已出版的类书看，各类书的编纂者在排比组织资料方面都脱离了传统方法，进行了新的尝试。如《中华思想宝库》把从经、史、子、集各类文献中采摘的资料分成人伦、治世、人文3大部，部下分篇（类），共25篇。人伦部下分论人、修身、人伦、道德、家庭、世风6篇；治世部下分政治、治道、君道、吏道、战争、民族、西学及中外关系7篇；人文部下分文学、史学、哲学、宗教、经济、教育、法学、儒学学术、文化艺术、科技自然、人物、典籍12篇。篇下设目，计158个子目。子目下以时代先后排列资料。这一分类体系既照顾到古代文献的实际情况，同时也体现了当代科学分类的特点。《中国历代文献精粹大典》把从3000多种古籍中摘录来的886万字资料分成政事、文艺、科技、经史、人物5大卷（大类），卷下分类，类下分条，条下设目，资料的分类比较细致。在类目的名称方面也便于人们理解。如《政事卷·社会交际》类下的条目名称——君子之交、布衣之交、患难之交、文字之交、乡邻之交、骨肉情谊、师生情谊、扶困救危、胸怀大度、真诚相待、与人为善、化敌为友、知恩必报、尊老爱幼、宽人严己等，基本上符合今人的检索习惯。

在正文分类排比之外，不少类书在书后附有索引，这是古代类书所没有的。如《中华思想宝库》附有按汉字笔画排列的典籍索引、人物索引；《中国历代文献精粹大典》附有目录笔画索引。这些索引虽然还不尽完善，但给读者提供了利用类书的新途径。

（5）标点注释　体现当代特点

当代类书的编纂者和出版者，对摘录的资料进行了多层次的整理加工，从文字到版式体现了当代出版物的特点，方便了读者的阅读利用。在资料的整理方面，每条资料详注出处，包括作者、书名、篇名、出版单位、年代及具体页码等；对于生字难字尽量给予简单注说；有的类书对一条或几条相关资料作简短的评语，提示其价值意义；对少数民族语言的文献译为汉语；为了方便广大读者的利用，有的类书还进行了古汉语的今译工作，如《中华掌故类编》，每则掌故录有原文和译文。在版式的加工方面，当代类书全部采用横排，并加以现代标点；字体改用规范化的简体字。在资料的选取方面，类书编者充分利用近年古籍整理出版的成果，采用最新出版的标点校刊本，方便读者辑查。

2. 当代类书的作用

古代类书有当时的本来作用及现在的特殊作用。今天出版的当代类书，可发挥的作用有以下几个方面。

（1）民族文化的普及本

中国历代积累的文献汗牛充栋、浩如烟海。一般读者面对堆积如山的图书只能望洋兴叹，要想从中吸取点有用的知识如同大海捞针，就是专业研究者面对博大精深的文献府库，阅读利用起来也比较困难。当代类书集万卷之精华，把重要的有价值的语句和章节摘录出来，编成民族文化的普及本，使读者花较少的时间精力就可领略中国文化的各个方面。诸如兵、农、医、艺的实用文化，诗骚曲赋的文学精粹，民谚俚俗的熠熠智慧，治理国家、安定社会、修养品德、成就事业方面的至理名言，正奇互补、乱极而治的朴素辩证法，民为贵、天下为公的民本思想，魂系中华、爱国如饥渴的民族凝聚精神，先天下之忧而忧、后天下之乐而乐的政治抱负，砥砺品学、上下求索的进取精神等[2]，无论对普通读者还是专业研究者，都有重要参考价值。

（2）治学研究的工具书

“不摆卡片不读书”是读书做学问的经验之谈。许多专家学者为了建立自己的“资料库”，日积月累地做资料的摘录工作，因为进行学术研究、著书立说，没有大量的原始资料积累，不接触第一手文献，研究工作就很难进行。当代类书把散载于各处的文献片断汇集在一起，部分地解脱了研究人员文献不足的烦恼，他们可随时翻检，起到待查、备引两种功能。如若从中检索到几条有参考价值的资料，觉得有必要利用全文，那么，当代类书还可起到“索引”的作用。

（3）文献精粹的资料库

由于受建馆时间和收藏范围等条件限制，各图书馆特别是中小型图书馆收藏的古籍有限，对读者提出的有关古文献的要求难以满足。即便是大中型图书馆，为了保护古籍，对于一些稿本、孤本及稀有图书，不允许借出、复印，限制了古籍的开发利用。这批类书的编纂出版，部分地解决了中小型图书馆馆藏古籍少及古籍难以利用的矛盾。图书馆虽然没有收藏古籍原著全本，但部分章段收录类书之中，这些类书起到了古籍精粹府库的作用。

3. 当代类书编纂中的问题

毋庸置疑，这批当代类书无论对文献的开发，还是对学术研究都有促进作用；但是，也存在一些不可忽视的问题。

一是选题重复。已出版的20多种类书，选题重复的占相当数量。如中国广播电视出版社出版的《中国思想宝库》与吉林人民出版社出版的《中华思想宝库》，中国国际广播出版社出版的《中华智慧宝库》与改革出版社出版的《人类智慧宝库·中国智慧》卷，中国人民大学出版社、北京出版社联合出版的《社会主义论库》与中国广播电视出版社出版的《社会主义思想宝库》等，题目名称基本雷同，书中内容范围、资料来源也大同小异。在文化建设上的这种重复工程，不仅浪费了大量人力物力，造成低水平上的徘徊，而且也给图书资料部门及广大读者带来选购方面的困难。

二是选材不精。类书的编纂表面看来是些摘摘抄抄的工作，好像人人都能为之，实际上，类书的编纂就其学术上的要求不亚于著书立说，不仅需要编纂者有广博的知识，对中国文化的各个方面有一定的研究，对中国古籍及其内容比较熟悉，而且要求编纂者具有一丝不苟的精神和精选文献的慧眼。唯其如此，才能把文献中的精华发掘出来。古代类书的编纂有个传统，就是当时第一流的学者各司其职，而且是全身心地投入，编纂数年甚至更长时期才能完工。如《册府元龟》历时8年，《太平御览》历时6年。当代类书的编纂缺乏前人那种认真严谨的精神，编纂者急于完成各自的任务，在选材时往往疏于精细，这是以后类书编纂应当加以改进的。

三是检索途径单一。当代类书在资料编排方面都采用了分类的方法，并且对传统分类体系进行了改进，这是值得肯定的；但是，还都没有从根本上解决古代类书那种非工具书的因素，缺少检索途径。根据读者检索习惯及查检需要，应增编主题索引、作者索引、引用文献索引等。

4. 类书消亡论四说

短短两三年内编纂出版这么多新编类书，并且还有一批“文库”、“英华”、“荟萃”、“大全”、“全书”、“大观”、“大典”将要面世，这一文化现象的迅猛而至，是学术界所始料不及的。在此以前的几年中，曾有不少学者撰文，寻根究据，论述类书消亡的原因，归结起来，约有四说。

（1）政治原因说

他们认为，类书产生于封建帝王统治的需要，不少类书的编纂者署名“奉敕”二字，更有一些类书的命名如《皇览》《太平御览》《册府元龟》等，则明确地表明了为帝王所用的目的。封建帝王编纂类书的另一政治目的，则是借编纂类书之名，网罗人才，以加强对士大夫的控制，使他们长期处于“述而不作”的环境中，死心塌地地为统治者服务。清末以来，封建皇帝已不复存在，那么，类书的编纂就失去了政治的基础，所以类书随着封建社会的灭亡而衰亡了。

有人认为，政治上的另一个原因，是因为清代康熙、雍正以后，政权已经非常稳固，无须借助类书这种形式来粉饰太平、笼络知识分子了，因此类书的编纂也就没有必要了。

（2）文化原因说

有些人认为，科举制度促进了类书的发展，封建社会科举考试的内容主要是儒家经典、诗赋文章，类书摘录经典图书中的章节及重要诗句并加以归类排比，便于士子们背诵记忆，是科举考试的“拐杖”。科举制度的废除，考试制度的改革，这根“拐杖”也就自然没有用途了。

（3）学术原因说

衰亡论者认为，类书摘录群众中的有关资料，对于著述时检查引用较为方便，省去翻阅苦读原著之苦。但到了清代乾嘉时期，考据学兴起，士大夫均以类书为鄙陋之学，并把一些读书人舍本逐末，不肯下气力博览群书、扎扎实实做学问，只想走捷径的学风归罪为类书。学术风气一转，类书原先在读书人中的地位一落千丈，所以，对类书的编纂与需求也就日渐稀少了。

（4）百科原因说

一些人认为，类书在编纂上采用“述而不作”的编辑方法，集中体现了中国传统思维方式，其内容侧重于文史，是一种“向后看”的工具书，因而无法像百科全书那样容纳新的科学知识并给予总体概括；并认为，类书的编纂始终在封建统治者的控制下，摆脱不了封建政治文化的桎梏；所以，始终未能逾越现代百科全书这条鸿沟，理所当然地被百科全书这种新型工具书所取代。

这些议论的出现有其历史的原因。近百年间没有大部头的类书编纂出版，好似类书真的退出历史舞台，可以盖棺定论了。另外一个原因，就是对类书的特性及其功能认识不够全面，甚至把类书与百科全书两类性质不同的图书对立起来，用百科全书去否定类书。事实证明，类书这种中国历史上出现的特殊类型的图书，其功能是其他任何类型的工具书所不能取代的；只要根据时代的要求，并吸取现代工具书的编纂特点，它的前景是非常广阔的。

参考文献

[1] 任继愈.《中华民族优秀传统汇典》读后[N]. 人民日报,1991-12-10(8).

[2] 门岿,卜键,卢文周,等.中国历代文献精粹大典[M]. 北京：学苑出版社,1990.

图书馆工作偶拾*

历史已迈进了21世纪的门槛，作为传承人类文化、传播知识信息、促进社会文明进步的图书馆，在社会角色、功能定位等诸多方面需要重新思考、重新论证和实践。特别是在信息网络环境条件下，文献信息的数字化、网上信息资源的整合、网络信息的无障碍传送、信息资源产业化、用户市场的培育和职工素质的培养等，都是需要认真正视并加以实施的课题。

北京市文化局党组根据新世纪文化工作的发展趋势及文化工作固有的特点和规律，一再强调全局各项工作要与时俱进、改革创新，特别提出了精品战略的思路。作为北京市文化教育中心、信息知识中心、市民社会生活“第二起居室”的首都图书馆，如何落实邓小平同志关于“开发信息资源，服务四化建设”的指示，如何贯彻江泽民总书记关于把图书馆建成“信息枢纽和精神文明的重要基地”的要求，如何按照文化局领导提出的精品战略、文化品牌的工作安排，打造首都图书馆的整体社会形象，真正使首都图书馆成为百姓生活中的“必需品”，如何实现国内一流、国际知名的目标，如何在“文化创新”中走在全国的前列并

---

* 原载于《图书馆工作与研究》，2002年增刊。

在学术、业务等领域做出开创性贡献，诸如此类的问题是应该一直思考、探索、努力并不敢丝毫懈怠的现实问题。在日常工作中偶有所思、所悟、所得，即作为工作中一项新任务努力去实现，或作为阶段性目标去追求。现摘其数则，缀纳成文，以求教同行指正。

1. 北京三千年——数字图书馆中建精品

近年来，中国的数字图书馆建设发展迅速，启动了中国数字图书馆工程，实施了全国文化信息资源共享工程，成立了中国数字图书馆联盟。在数字图书馆的浪潮中，全国各图书馆都不同程度地进行了文献信息数字化建设。作为中国首都的北京市属图书馆，在数字图书馆建设中，既要避免建设中的重复和知识产权纠纷，又要建出自己的特色和品位，同时需要明确首都图书馆数字图书馆发展战略。

1992年联合国教科文组织开始推动“世界记忆”项目，其内容是采用现代信息技术使文化遗产数字化，一方面可以使文化遗产永久性地保存，另外也可以最大限度地使公众公平地享用文化遗产。美国国会图书馆在数字图书馆建设中推出“美国记忆”计划，并开始实施。根据中国数字图书馆建设的现状及首都图书馆在国家数字图书馆中所处的位置和自己的服务对象、文献资源特色等因素，受其启发，首都图书馆数字图书馆建设主要任务应以北京为中心，将北京三千年变迁过程中遗留下来的印刷载体文献、声像载体文献、文物档案文献等各种信息分门别类数字化，并把它作为数字化的精品进行建设。其名称可定为《北京三千年》，亦可名为《北京记忆》。这一数字化产品既可为党政军领导机关提供决策参考的依据，使领导掌握北京的政治、经济、文化、教育等方面历史发展的大势，了解某一历史阶段、某一行业、某一人物、某一事件、某一景物的概况，也为老百姓通过图文声像等多媒体方式展示新老北京的变迁，领略北京的历史风貌，欣赏北京的艺术博物提供了一份丰富多彩的文化产品。为了保证质量，可采取自建、共建、委托等方式，并奉行边建边用，为用而建，突出品牌，打造精品的工作思路，以“北京三千年”这一精品全面带动首都图书馆数字化、网络化建设。

2. 网上整合——无序资源变有序

在文献信息数字化过程中有个误区，数字化的建设者们多把注意力集中到现有文献和本单位文献资源的数字化方面，而忽视了网上海量信息的加工整合，致使网上廉价信息悄悄地大量消失，而这种流失是无可挽回永远的流失。此种现象的延续，不免使我产生一种疑问：全国都在花大量人力物力把信息资源数字化的动机是什么？是为了好看还是为了使用？如果说是为了用，那么网上已经数字化了的信息资源利用问题应引起社会的广泛关注。

作为一个国家应明确一个机构负责网上信息的鉴选和储存利用问题。虽说网上空间无限，但由于网站信息更新、网络安全等原因，网络信息不可能是永存的。

作为一个单位应设置专人，根据本单位的需求和资源建设规划，浏览收集相关主题的网上资源，并进行编目加工，形成网上信息资源开发系统，使其成为数字图书馆的一个组成部分。

3. 横向合作——人类信息资源为我用

“合作”的思想产生于17世纪，当时合作的产物是数个图书馆编制联合目录。今天，合作不仅是图书馆的一种趋势，而且是必须进行的一项重要工作。文献信息资源的多样化和信息技术的发展，为图书馆间的合作提供了广阔的空间，“一馆之内阅尽天下书”不再是一种理论探讨。

在合作与共享的引导下，国家和图书馆界进行了实质性工作。2002年11月1日开始实施的《北京市图书馆条例》第31条规定“文献信息资源建设应当统一规划，合理布局，分工协作，共建共享”，并要求本市各类图书馆“参加以首都图书馆为信息网络中心的图书馆网络建设”。2002年6月文化部印发了《全国文化信息资源共享工程实施方案》，7月文化部教育部联合发出了《关于做好基层文化教育资源共享工程的通知》。教育部在五年前开始建设高等学校文献信息资源保障体系，100多所高校进行网上信息资源的合作。近悉，中方投资8 000万人民币，美方投资相当于1 000万美元的软硬件设施，进行本国50万种文献数字化的合作。

首都图书馆在合作与共享中，重要的是要落实《北京市图书馆条例》，完成社区信息网络系统建设，形成各系统图书馆参加的文献资源共建共享协作网，实现网上文献资源查阅和馆际互借；与此同时要积极与国家中心、教育部、科学院等系统的网络系统合作，与国际上著名的图书馆开展合作，真正在信息资源建设上做到不求所有，但求所用，为公众提供国际性文献资源服务。

4. 知识导航——网上咨询面对面

图书馆服务的内容已不能限于借阅等常规服务的范围，而应承担起研究咨询、知识导航等功能。这两项功能的拓展，一是因为在信息社会读者需求比较具体，个性化服务要求日趋强烈；二是由于信息技术的广泛采用，拓宽了服务的途径和空间。读者的需求就是图书馆的工作。在未来工作中，图书馆工作人员不仅是文献信息的收集保管员、守摊发牌服务员、具体文献的提供员，而更多的应是课题研究的咨询员、知识海洋中的导航员，通过互联网即时解答读者咨询的问题，引导读者到最便捷的地方获取所需的知识。上海图书馆去年开通了网上联合知识导航站，其做法值得学习借鉴。为了实现网上知识导航这一服务方式，首先需要培养数个业务素质全面、综合能力强、具有某一学科知识的咨询人员，并向社会公布每个人的专长，像医院的专家门诊那样，让读者详细了解导航咨询人员擅长的学科领域；亦可聘请社会上学有专长的专家担任导航员。其次，在知识导航服务初始阶段可预选设计一批有代表性的典型案例，让读者对知识导航服务有个大体的了解；随着咨询问题的不断增多，应建立网上咨询导航数据库，凡读者咨询相同或类同的问题，导航人员可援用数据库中的答案，或在原答案基础上进行补充修改，以提高导航的质量和速度。第三，应建立咨询导航人员工作档案，定期对咨询答案进行检查评估，并实行绩效责任制，不断提高咨询导航水平。

5. 外线服务——走进社区为百姓

“书是为了用的，每个读者有其书，每本书有其读者，节约读者时间”，这些简单明了的语句是阮冈纳赞提出来的，其中蕴含的思想就是读者第一，服务至上，让书与读者结缘。按照这一思想展开去，就是哪里有人群、有读者，图书馆的服务就延伸到哪里；哪里有需要，图书馆的服务就出现在哪里，特别在当今信息社会，图书馆要千方百计地为公众服务，让社会上各阶层的人都感觉到图书馆的存在与服务。为此，图书馆要完成一个转变，即从读者到图书馆来转变为图书馆到读者中去，从原来的内部服务、柜台服务拓展到外线服务、基层服务。

外线服务的方式一是分馆制，在市内有条件的社区、街道建成若干个分馆；二是建立若干个送书点，定期送书上点；三是开动图书流动车，把图书和服务送到机关、企业、军营、学校、居民区，使书与公众有约；四是开辟宾馆、机场、车站等人群流动场所的文献服务，使读者随时有书看，使书随时接触读者；五是开展个体特殊人群的服务，如老年人、病残人及需要服务的读者，让书在特殊场合特殊人群中发挥作用。总之，外线服务就是哪里有需要，哪里有人群，图书馆的服务就出现在哪里，以达到“以科学的理论武装人，以正确的舆论引导人，以高尚的精神塑造人，以优秀的作品鼓舞人”，全面提高全民文化素质的目的。

6. 读者教育——利用图书馆成习惯

人们用了许多漂亮的语句赞美图书馆，说她是知识的宝库、文明的殿堂、信息的枢纽、精神文明建设的基地。如果读者不来利用图书馆，如果读者利用图书馆不广泛，如果读者利用图书馆的人口比率不高，那么，图书馆这个宝库、殿堂、枢纽、基地也就失去或者部分地失去她的价值。

目前全国各图书馆的利用率普遍不高，经常光顾图书馆的读者比率较低，可以说目前这种状况使图书馆的功能只能部分地发挥，其余部分的功能亟待开发。一个不读书或读书不普遍的国家，其国民素质不可能是高的。党中央提出“依法治国”、“以德治国”的治国纲领，并制定了《关于加强社会主义精神文明建设若干重要问题的决议》。无论以德治国还是精神文明建设，公民文化素质修养至关重要，作为终身教育和精神文明建设基地的公共图书馆，对于提高全民素质修养有着重要的责任。

现在的问题是如何把广大民众吸引到图书馆，并成为图书馆忠实读者，使民众把利用图书馆当成习惯，使图书馆成为民众生活中须臾不能离开的“必需品”，成为市民的第二起居室和生活中的一部分，成为民众最熟悉最喜欢的地方。

首要的工作是要开展读者利用图书馆的教育。一是向全社会普及图书馆知识，让公众都知道图书馆是免费的公益性场所，了解图书馆的服务内容、服务方式和手段，有哪些特殊服务项目，读者有哪些权益等；二是通过报刊、电视、电台等媒体广泛系统地宣传图书馆，诸如图书馆的功能、图书馆的服务、图书馆的文献、图书馆活动、图书馆进展等；三是设立读者奖，宣传读者在利用图书馆中产生的绩效和收获，鼓励读者科学有效利用图书馆，引导社会利用图书馆。

其次是要让读者在利用图书馆中有所收获，尝到甜头，对工作、科研、养生健康、休闲、博览、扩展知识等有所帮助，产生一种需要。有需要才能留得住，才能形成习惯。

三是工作与服务要跟上。读者学是一门学问。要研究读者，分析读者阅读需求和倾向，掌握读者阅读规律特点；要关怀读者，满足读者在利用图书馆中的要求，保护读者的阅读权益，尊重读者阅读的隐私权；要服务读者，广泛开展各种活动，提供多方面阅读的便利，如读书方法指导、名著欣赏、作者面谈，新书点评、学术著作盘点，组织读书会、报告会，设立信息点、读书点，发布多种读书信息。首都图书馆作为北京市的文化信息中心，应开辟“首图论坛”，邀请社会名流设坛讲演，并形成一个文化学术品牌。

读者是上帝，公民觉悟了才能成为图书馆的读者；读者有所获，有所提高，才能养成利用图书馆的习惯，成为图书馆的主人；读者受到尊敬，享受到关爱和服务，才能把图书馆当成生活中的“必需品”。

7. 队伍素质——事业发展靠三军

报纸上的一条消息再次证明了人才在现代社会中的极端重要性。消息说：北京长江商学院院长项兵发出豪语，5 年内把长江商学院办成亚洲第一，10 年内成为全世界十大名校。其中重要的一个措施就是聘用学术界全球排名前 10—15 名的学者教授做师资。北大之所以是北大，就是因为她有一批在各个学科领先的教师，这些人站得高，看得远，有传世之作，能自成一家。

首都图书馆的目标是“国内一流，国际知名”。在任务与功能方面，首都图书馆要担负起北京市信息枢纽和精神文明建设基地的作用，发挥信息导航、信息收集保存与加工增值等功能。实现上述目标，完成历史赋予的任务，重要的是要形成3支队伍。

一是读者服务队伍。这支队伍的人员要具备基本的专业知识和服务技能；具有爱岗敬业、牺牲奉献、团结协作的精神和素质；掌握读者服务的规律，熟悉不同类型读者的需求特点；具有视读者为上帝、视服务为生命的精神；能够根据形势发展的需要，在服务内容、服务方式、服务手段等方面进行创新。这支队伍所从事的事业是直接体现图书馆性质、宗旨的工作，也是直接和广大读者接触，直接为读者提供服务的工作，他们处在图书馆工作的最前沿，直接关系到首都图书馆的对外形象和服务质量，所以这支队伍在服务质量、服务态度、敬业精神等方面一定要过硬。

二是专业及研发队伍。这支队伍的人员首先要具备信息管理专业知识，对图书馆学的理论及业务内容有一定的研究；其次是具有宽泛的学科知识，对文、理各学科门类有一定修养；第三是具有现代信息技术应用开发知识和外语的读说能力。在图书馆中这支队伍起着体现整体业务水平和综合实力的作用。他们要保障图书馆基础业务工作的高水平高质量（如文献资源建设、数据库建设等），保证图书馆信息网络系统和各业务部门管理系统的正常运行，回答读者提出的各种疑难问题，提供经济建设、科学技术、工程规划等领域重大项目的咨询服务，掌握国际国内图书馆事业发展趋势，研究图书馆工作出现的问题，探讨图书馆事业前沿课题，开发文献信息资源，生产特色信息精品，所以，要求这支队伍开拓、创新能力要强，整体素质应是出类拔萃的。

三是管理保障队伍。管理是一门科学也是一种生产力，一门艺术。这支队伍的人员要具有管理的技巧和经验，具有协调和综合能力，能够充分调动人的积极性，挖掘人的潜力，能够最大限度地整合图书馆的人力、物力、财力资源，科学地进行资源配置和集约化管理，使各种可支配资源的效率最大化。这支队伍的工作涉及人事、财务、物业、行政、保卫等部门，每个部门都直接和全馆工作发生关系，所以要求他们必须具有协作、团结、奉献和牺牲精神，不贪、不懒、不奸、不滑，公私分明，廉洁奉公。

8. 天高可问——服务科研话创新

图书馆和其他行业相比是个相对保守和惰性较强的单位，因为图书馆的内部工作多是沿着过去的规则操作，如文献加工、文献著录、借阅服务，就连加盖馆藏章都有固定位置。有一次，在书库里和职工交谈，我说，图书馆工作的一切都要为了读者，只要是不适合读者的地方都可以改。然后我指了指书脊上的书标，问大家书标把书脊上的信息（出版社、著者、卷次等）给盖住了，这种做法对不对。在场的职工都说，以前所有的书标都是这样贴的，国家图书馆也是这样贴的。我回答说，不要说国家图书馆，就是全世界的图书馆都这样贴也是不妥的，因为这种做法给读者选书设置了障碍。仅此一例，足以说明图书馆业务中有许多可以改革和创新的地方，改革和创新不是什么高不可攀不可企及的神秘事。天高可问，只要善于思考，勇于探索，敢于发问，图书馆创新大有可为。

江泽民同志在“七一”与“五三一”重要讲话中，一再强调要“积极进行文化创新”。作为文化系统重要组成部分的图书馆，要根据新世纪的要求及工作特点，进行读者服务创新、文献信息研究创新，在工作实践中形成图书馆创新体系。要在图书馆理论、读者服务方式方法、文献信息加工整合方法、文献资源开发、信息技术利用、数字图书馆建设、信息产业发展等方面进行探讨，提出新问题、新思想、新观点、新思路、新方法，敢为天下先。

图书馆创新重要的是要围绕读者的需要和解决读者利用文献困难进行。如首都图书馆目前以年鉴等信息含量丰富的工具书为例，正在建设的“功能信息综合咨询检索系统”，就是在深度开发文献资源、便捷检索内部信息方面进行的方法创新。这种方法以文献中每节、每章、每段中有检索意义的单元信息为加工对象，系统挖掘文献内部的功能信息，读者遇到需要查检的问题只要键入关键词，就可得到系统答案，省去读者暗中判断问题、检索信息资料的麻烦。又如，将要进行的“精粹信息开发检索系统”，就是在调查分析读者实际需要的基础上，把散见于多种文献中有参考和引用价值的观点、方法、数据、结论等片断语句摘引出来，进行综合处理建立检索系统，读者依类或主题可直接检索到所要摘引的原始信息，而不需要到文献信息海洋里去漫游“淘金”。

如果我们分析思考一下，国外学者提出的一些定律、原则——如布拉德福定律、洛特卡定律以及最小努力原则等理论——就不难发现，他们所叙述的那些关系和规律，实际上在我们的工作及文献中都有涉及和论述，问题的症结是我们没有进行更进一步的归纳总结，没有创造学说和发明“定律”的意识。

诗人屈原的名作《天问》，气魄很大。为什么不叫《问天》？后代人说“天尊不可问”。现代科学发展了，天虽高但可以问。无论什么工作，特别是图书馆工作，只要不迷信权威，不惧怕困难，肯于发现和思考问题，就会有所发明，有所创造。

参考文献

[1] 吴建中. 中国图书馆发展中的十个热点问题[J]. 中国图书馆学报，2002(2)：3-5.

精粹信息鉴选研究*

1. 精粹信息鉴选的意义

为了解决文献信息庞杂与用户利用之间的矛盾，人们在历史上创立了提要、注语、文摘、书目、索引、文评、汇编以及全文检索、超文本系统等信息加工处理的方法。这些方法以不同方式，从不同角度描述、揭示、处理、评述以及链接信息。毫无疑问，它们在不同历史时期发挥了积极的作用，解决了用户利用文献的困难。

历史跨入21世纪，站在今天的信息环境及信息用户需求的角度，我们不得不承认，在信息加工处理领域还存在不少遗憾。总体上讲，以往的信息加工重学术性研究，轻实用性开发；重线索的提供，轻实质性信息的给予；重钥匙指路功能，轻直接性信息提取；重整体信息加工，轻单元信息的筛选；重文献本身，轻用户利用。此外，在信息加工处理与信息开发利用之间，在理论研究与实际操作之间，在智力、经费投入与社会、经济效益之间，

---

* 原载于《21世纪图书馆：发展与变革》，北京图书馆出版社，2000年7月。

在立项选题与社会需要之间等方面也存在不少问题。解决上述问题及矛盾，重要的是在信息加工活动中要以用户为本，研究用户需求，采取相应措施。据调查分析，信息用户在实践中，最终需要的是原始文献中有价值的片断信息，即精粹信息。所谓精粹信息，是指隐含在原始文献内部的有参考和引用价值的观点、方法、数据、结论等语句。

在加工特点上，精粹信息与摘录文献、采辑资料的类书相似，都属提供原始信息的信息产品；但是，两者有着明显的不同。一是加工目的不同。类书编撰的原始目的是供“皇览”统治之用；精粹信息加工的本质目的在于解决信息污染，帮助用户摆脱无序信息的包围和裹挟，解除利用信息的烦恼和困难。二是取材范围不同。类书是回溯性的，历史上的文献都在收录之列；精粹信息着眼于未来，收录选取最新的信息，既不是古代的警言名句，也不是历史上的哲理经典，而是新近的学术观点、学术成果，这些信息不是供人欣赏品味的，而是供用户研究创新用的。三是节录对象不同。类书或篇或部或段，客观上在保存、流传文献；精粹信息以单元信息为对象进行鉴选，一种观点、一个数据、一个结论，在不损害原意的原则下，把信息过滤到最短程度。四是编撰方法不同。类书是一次性的工具书；精粹信息则是动态的，根据用户需求，不断将信息补充更新。尽管如此，类书的一些编撰方法及思想依然值得精粹信息借鉴改进。

文献汇编提供的也是原始信息的信息产品，在编撰上，也需要有一定的指导思想及鉴选原则。它们之间的区别在于精粹信息鉴选的是一篇文献内部的单元信息，是更深入的信息片断，不是一篇物理层次的文献单元。从本质上讲，文献汇编鉴选的是一批潜结构的信息，用户利用还需要线性顺序地阅读，从中发现有价值的部分；精粹信息则是一种显结构的信息，无须用户再去寻觅。如果说文献汇编是一种半成品，那么精粹信息就是直接可以享用的纯成品。

作为一种信息加工方法，精粹信息为用户提供的是原始的、片断的、直接参考引用的信息，其意义是多方面的。

首先，它对信息进行过滤，消除污染及噪声，加速了信息的交流与传递。当今信息时代，社会竞争激烈，节奏加快，用户很难像以往那样有足够的时间去品味欣赏原始文献。面对海量信息，用户或束手无策，难而却步；或浏览标题，转瞬即逝；或蜻蜓点水，不解其味；或悉数阅读，良莠不辨；或摘汇太多，为其所俘。精粹信息的加工在对整篇信息筛选的基础上，深入信息内部进行鉴别，排除老化、冗余及虚假信息，消除信息噪声，减轻信息交流的负担，加速有效信息的传递。

其次，满足了用户在利用文献信息中“最小努力原则”，为用户提供了一条获取和吸收信息的捷径。在信息活动中，每个用户都希望在解决问题的前提下花费最少的时间和精力，轻松便捷地获得需要的信息。精粹信息的加工正是适应了用户这种需要。因为信息加工者在铺天盖地的优劣掺半的信息中经过辛勤的智力劳动，已经为用户付出了“最大努力”，使信息表面化、显见化，用户利用精粹信息检索系统查找所需信息可以一步到位，基本上不需经过中间环节。

第三，精粹信息加工是一个知识信息创新过程，它不仅创造了新的信息，而且赋予了原始信息新的价值。从价值学说讲，信息的每次加工都会给原来的信息带来新的价值。尽管在加工过程中没有更易其中一句一字，也没改变原信息的结构，但是，信息加工者投入了时间，投入了智力，投入了个人化的知识，使鉴选出来的信息脱离了“母体”，脱离了原始文献的潜结构，成为一条独立的自身完整的高纯度的新信息产品，并以此为对象再进行重新聚类组合，进而形成一个新的信息系统，使其具有新的信息属性、新的信息价值。

第四，它具有完善信息加工体系，推进用户信息系统的功能。在目前信息加工体系中，有的提供文献信息的线索出处，如索引；有的提供文献信息的内容梗概，如提要、注语；有的提供整体信息的选录汇集，如汇编、文集；有的研究信息的特点、结论，如书评、综述；有的链接文献的相关信息，如引文索引、超文本系统：可以看出，在提供研究性学术性片断信息方面是个薄弱环节。加强精粹信息及其系统的建立，可以强化原始信息层面的提供工作，进而完善现有的信息加工体系。此外，用户通过精粹信息系统，消除了信息利用的不确定性，可以激发他们检索信息、参与信息加工的兴趣，根据他们自己的需要，构建起以用户为中心的用户信息系统。

第五，它具有信息的评价功能。核心期刊评判的一个重要标准是所载文献的被引率。精粹信息加工的对象是学术性文献，鉴选的是文献内部的单元信息。入选单元信息条数越多，证明那篇文献的学术性、新颖性以及价值含量越高，客观上是对某一学科专业文献的评判。

2. 精粹信息鉴选的依据

精粹信息的鉴选是一项研究性、学术性较强的信息加工活动。鉴选质量的高低，在很大程度上取决于鉴选人员的学识水平及个人化知识的多寡。此外，在鉴选过程中还存在有非理性的及人为的干扰，如同其他信息加工方法一样，用一些原则、标准来约束加工者非理性行为，指导鉴选人员按章选录。为此，我们对人民大学复印资料《图书馆学情报学资料工作》1998年第6—9期中收录的图书馆学、情报学期刊上的全部文章计139篇进行了鉴选实验，同时，对因特网上图书馆学情报学的学术文献也进行了鉴选实例的实验研究，共鉴选精粹信息300余条，初步形成了一些原则及测评指标。

（1）精粹信息鉴选的原则

① 实用性

精粹信息鉴选的根本目的在于用户的有效使用，所以在鉴选过程中，始终要贯彻以用户为中心的原则，追求用户在利用中产生的价值。实用性的体现，一是要切实解决用户在研究中的信息需求及问题，不需用户再检索原始文献就能把握信息的真谛；二是满足用户对最新信息的了解和利用；三是符合用户参考和引用文献的习惯。

② 客观性

精粹信息加工是信息工作中的一种工作，其性质是用户的代理者和服务者，而不是为自己或个别用户进行鉴选加工。所以在具体加工中一是要客观公正，不以个人好恶及个人的价值观决定信息的取舍，也不能无原则地迎合某一思潮或迁就某种倾向；二是要忠实于原始文献，如实反映原始文献作者的观点及见解，避免主观因素导致的偏差和失误。

③ 新颖性

精粹信息是一种时效性很强的信息产品，在满足用户信息需求方面具有较强的时间性。 当今社会，科学知识更替加快，新知识日新月异，作为学术研究人员十分需要掌握最新的理论和方法，也迫切需要了解学科的动向及趋势。 新颖性的体现，一是要保证信息源的新颖性，以最近发表问世的学术文献为鉴选对象；二是鉴选信息观点、数据的新颖性；三是精粹信息系统里的信息单元要不断更新，使原生信息与精粹信息同步发展。

④ 完整性

精粹信息是一种独立于原始信息而存在的再生信息产品，在信息内容的表达上具有自身完整的特点。 完整性的具体表现，一是截取的信息能独立表达一种观点、一种方法、一种结论，不能让用户产生疑义或有语焉不详的感觉；二是截取的信息不能支离破碎、断章取义，在不损害原始信息本意的基础上尽量做到短小精练。

⑤ 系统性

学术研究具有连续性。 学术期刊在栏目设置及刊载文章内容连续性的基础上形成了知识内容的系统性。 为了给用户提供连续系统的信息，精粹信息的加工必须坚持系统性原则： 一是要做到同一类或同一主题信息的系统连贯，让用户获得的信息全面系统；二是在信息源的选择上要做到连续性，尤其是专业的核心期刊及网站的访问不能中断，确保精粹信息的可靠性及权威性。

（2） 精粹信息鉴选的标准

① 学术性

精粹信息区别于其他信息产品的主要标志就是它鉴选的信息

是学术性的，而不是古典性的；是科学的，而不是欣赏性的；是当前最新的，而不是历史的。学术性的主要体现，一是前沿性信息，反映学科最新研究成果；二是事实性信息，反映学科最新动态及现象；三是理论及规律性见解；四是探讨及争鸣性信息，反映学科中关于某一问题的不同观点、不同认识。

② 创新性

创新性是指前人没有或不甚成熟的知识，对所探讨的问题有所发现、有所发明、有所创造、有所前进。精粹信息的创新性应符合以下几个条件：一是首次发现、首次提出的新理论，或从不同角度对原有理论进行的深入探讨；二是技术上的改进及在利用已有技术成果上的革新；三是经过观察、思考、分析提出的新的观点及见解；四是用新观点、新方法对学科中的问题进行论证得出的独到见解及新结论；五是能启迪用户思想激发新创意的信息。

③ 准确性

准确性是指阐述的信息准确可靠，没有政治、观点及实验性错误，对用户不能在信息上产生误导甚至为用户提供错误性信息。具体要求：一是学术观点及结论正确；二是论证符合逻辑，表述精确到位；三是数据来源可靠，计算方法合理；四是实验程序科学，处理方法严谨；五是语句精练，体现作者的见解和主张。

根据鉴选实验表明，精粹信息的内容主要涉及观点、数据、方法、事实、综述、结论等方面。其鉴选的条件为：

◇ 观点　论述清楚、深入、全面；有说服力；新颖独到；无偏激或极端的表达。

◇ 数据　引证来源可靠；具有时效性；实验时间为近期；有论据和参考价值。

◇ 方法　对解决学科领域问题有普遍意义，或对问题的解决有实质性突破；具有高效率及可操作性。

◇ 事实　具有代表性；真实可靠；可起到论据作用。

◇ 综述　叙述角度新颖，概括性强；论证系统深入；具有启迪和引导作用。

◇ 结论　符合逻辑；有创新性表述；有普遍指导意义。

精粹信息鉴选涉及文献、载体、鉴选人员及信息用户等多个方面，尽管通过实验将鉴选的原则及标准等进行了描述，但是在鉴选中还会遇到许多问题及干扰。对于鉴选人员而言，鉴选过程是一个理性因素和非理性因素相互交织、相互渗透的过程，一方面，鉴选人员要运用自己所掌握的知识，按照某一个鉴选指标体系对文献各部分进行科学客观的考察；另一方面由于信息鉴选是个人行为，会不自觉地掺入个人感情及观点等非理性因素，从而影响鉴选质量。为了减少鉴选过程中的干扰，排除不确定因素的影响，重要的是要提高鉴选人员的综合能力素质及学识水平。

3. 精粹信息的处理

精粹信息作为一条独立的单元信息短句，必须进行个体及系统的加工处理，才能供用户利用。具体包括以下几个方面：

（1）标引与加权

每条精粹信息标引的内容包括序号、加权符、分类号、主题词、出处等。序号可由年、月加顺序流水号的组配方法，如 99 07 039。加权符是针对比较重要或非常重要的信息而采取的标引方式，其符号为+、++。根据精粹信息特点，分类标引采用《中国图书馆资料分类法》标引，标引深度以 5—6 级为宜。主题词可采用自由词标引，每条信息以 2—3 个为宜。出处的著录项目包括责任者、篇名、刊名、年（卷）期、页码。因特网上的信息应注明网址。

（2）注释与参见

为了方便用户利用，对鉴选信息中的一些疑点或有必要说明的问题需加鉴选者注，如说明信息的性质、数据或图表的解释、简称的还原，也可对用户的利用提出建议或指导。因为精粹信息内容丰富，信息含量大，对于其中包括多个信息主题而且有见解的上乘的单元可做参见处理，以充分发挥信息的作用。

（3）长度与删节

根据鉴选实验，也为了适应用户便捷原则，精粹信息的鉴选必须贯彻短小、精练、实用的指导思想。其长度可分为三级，即短条、中条、长条。短条字数为 50 字左右，中条 150 字左右，长条 300 字左右。为了发挥重要信息的作用，对于连贯不可分割，而且确有独到见解的信息可做特殊处理：一是采用特殊条（即字数不受限制）方式处理；二是在标引的基础上采取网址或出处推荐的方式。删节采用…符号。删节符的使用目的是删去冗余，缩短及精简信息长度。对于列举式信息，可选取每一要点的概括、观点部分，对于其中的阐述、解释部分可适量采用删节符；

对于一段精粹信息中间没有实质性内容的文字也可采用删节符。

（4）检索系统

精粹信息检索系统的设计，应贯彻多途径及便捷原则，检索的途径至少应包括分类、主题、责任者、题名等几个方面。为了适应连续鉴选不断补充新信息的需要，应建立因特网上精粹信息数据库，随时将网上圈选下载的信息存入数据库，使其始终保持新颖性和实用性。

参考文献

[1] 倪晓建. 信息加工研究[M]. 北京：北京图书馆出版社，1998.
[2] 倪晓建. 走向新世纪的信息加工[M]//中国图书馆学会. 世纪之交：图书馆事业回顾与展望. 北京：北京图书馆出版社，1999.
[3] 杨　青. 图书情报学期刊论文精粹信息的鉴选研究[D]. 北京：北京师范大学，1999.
[4] 郑　雯. 因特网上图书馆情报学学术论文精粹信息鉴选研究[D]. 北京：北京师范大学，1999.

文献信息加工体系及方法创新*

图书馆的最高使命就是为读者服务。为了读者利用文献的便捷，必须不断创新文献信息加工方法，特别是深入文献内部挖掘单元信息中的精华。基于这种认识，近年来，本人对文献信息加工体系及加工方法，进行了理论的探讨和加工方法的实践。

1. 信息加工的意义

信息加工是指为了满足社会对信息的不同要求，以原生信息为对象，通过脑力劳动和体力劳动创造再生信息的活动。

信息之所以成为资源，关键取决于信息加工的水平和质量。

信息加工的过程，就是鉴别、评价、筛选、揭示、整序、分析、提炼、浓缩、研究的过程，就是使信息从无序到有序的过程，就是使信息从混乱走向条理的过程，就是给信息重新定位的过程，就是创造新信息系统的过程，就是赋予信息新价值的过程；同时也是消除噪声、排除信息干扰的过程，也是去伪存

---

* 2009年在全国公共图书馆馆长会议上的讲演稿(宁夏)。

真、净化信息环境的过程，也是集合信息、加速信息交流的过程。

（1）解决信息利用矛盾

信息是为了利用的，只有在利用中才能体现出它的价值。当今社会已步入信息化时代，信息激增，给用户带来的不单是喜悦，更多的是苦恼。如何解决信息与用户利用之间的矛盾，解除用户获取、利用信息时的苦恼，唯一有效的办法就是对信息进行科学的组织和全面控制。未来学家奈斯比特在《大趋势——改变我们生活的十个新方向》一书中指出：“在信息社会里，失去控制和无组织的信息不再是一种资源，相反，它成为信息工作者的敌人。”

在现实生活中，正是由于信息加工组织的不力，导致大量信息失控，处于无序状态，出现了信息实际数量与信息检索系统存量之间的巨大悬殊，使许多信息无据可查，无处可找，信息生产后就失去控制，自生自灭。信息的丢失和浪费，是最大的浪费，其损失是用任何方法也难以计算清楚的。从原始意义上讲，信息加工的重要目的就是对社会信息进行系统组织，建立信息控制系统及信息检索系统，让用户知道有哪些信息，到哪里去查阅，以及某一研究课题有些什么信息，其价值如何，从而解决信息利用中宏观和浅层次的问题。

（2）加速信息有效传递

在信息社会里，一方面，信息的数量急剧膨胀，其速度呈指数增长；另一方面，信息的污染严重，有用信息比例较小。有关数据表明，各类信息中有用的内容仅为25%。面对泛滥成灾、汹涌澎湃的信息浪潮，如果不加鉴别、选择地传递给用户，不仅达不到传递的作用，反而会使用户深陷信息海洋，在真伪难辨、虚实不分中失去方向。信息传递的目的在于用户的有效利用。用户利用的是实质性信息、精华信息，而这些有价值、有创造的观点、数据等毫无规律地散载在每种自身完善自成体系的文献中，给用户增添了自然屏障，使用户很难消化利用，终致在利用过程中失去了生命，失去了智慧，失去了知识。

为了解除用户的摸索寻觅之苦，挽回用户的时间和精力，必须对信息进行深度加工，科学系统地鉴选提取，把隐含在各章节段落中的有价值的实质性信息移取、开掘出来，使各种信息从隐潜到显明，从虚假到真实，从原生到再生，从繁复到精华。

（3）赋予信息新的价值

经过加工处理的信息是从原生信息中派生出来的，虽然它们来自原生信息，但已独立于原生信息而自成系统，独立发挥特殊的功能。用户在获取信息或利用信息时，往往通过这些信息产品而无须查阅原生信息就能满足对信息的需求，甚至比直接利用原生信息得到的启发和收获更大。正是这个原因，人们把信息产品称之为替代信息。信息产品的这种独特作用，是因为信息加工过程中融进了信息工作者的智慧和创造，投入了信息工作者大量的时间和智力劳动，赋予了所加工信息新的价值。

在信息泛滥的今天，许多凌乱散落的信息有待通过集合、分析、研究、浓缩等加工过程，形成“蒸馏”过的信息产品，使用户便于利用和接受。正如米哈依洛夫20年前指出的那样，如果不采取某种方法将分散在各处的有价值的材料加以分类、评价，并首先是循序而详尽地加以凝聚的话，就可能导致科学发展的明显延缓。

科学技术的进步，社会的持续发展，需要高价值的信息产品。高价值的信息产品需要智力的投入，只有深层次、智能化的加工，才能使信息高度浓缩、科学聚合。

2. 信息加工体系

信息产品是信息加工活动的成果，是众多信息记录的有序整合，是在原生信息的基础上，经过不同层次的加工而派生出的替代信息。

根据信息加工特点及信息含量的原则，信息产品可分为六大系统。

（1）描述性信息

这类信息产品仅对信息的外表——如题名、责任者、出处、时间、形式等——进行著录揭示，为用户提供信息的线索，回答有无某一信息，到何处可以找到某一信息，以及这一信息的长度、载体形式等。描述性信息产品具有加工简单、速度快、数量大等特点，对于信息资源共享及信息资源控制具有重要作用。属于这一类的信息产品有题录、书目、书目数据库等。

（2）整体性信息

这类信息产品在认识信息的基础上，对信息的观点、数据、研究方法、创新、结论等进行高度概括或提炼，信息容量大，使用户不接触原生信息就能对其中的内容有个大致了解，知道某一信息与自己的相关程序，消除对信息理解的不确定性，减少信息查阅量。在加工上，整体性信息产品需要有智力的投入，要求加工者具备一定的专业知识及综合素质修养，产品的加工过程就是浓缩信息、综合研究的过程，也是发掘新信息，使信息由潜结构到显结构，由隐含到浅显的过程，也是使信息增值，创造信息的过程。属于这一类的信息产品有提要、注语、文摘等。

（3）周遍性信息

这类信息产品以一种或多种相关信息为加工对象，深入信息内部的字、词、句或段、页、节，对有检索意义的词语或功能词进行周遍性或选择性标引，使有价值的信息索引化，使隐蔽、潜在的信息显见、系统化，变封闭性信息为开放性系统，使用户方便快捷地检索到有价值、感兴趣的内容，跳跃式地选择利用信息。在加工上，周遍性信息产品需要对原生信息进行必要的技术处理，拟定标引规则，进行系统设计，产品加工的过程就是重新条理信息、摆脱杂乱信息包围和裹挟的过程，也是发掘信息价值的过程。属于这一类的信息产品有全文检索系统、功能信息系统等。

（4）鉴选性信息

这类信息产品在对有关信息调查研究的基础上，根据一定需要，对每种信息进行鉴别评价、筛选：或摘取语句节段，集万卷之精华；或录取其整篇全部，辑数篇为一册；或节取单元信息，汇分散为系统。使用用户直接看到信息的原貌，看到实质性信息，直接参考引用。在加工上，鉴选性信息产品需要根据鉴选标准和原则，对信息加以评定和确认，产品的加工过程就是排除“噪声”，为信息重新定位的过程，也是赋予信息新价值的过程。属于这一类的信息产品有文献汇编、精粹节录等。

（5）研究性信息

这类信息产品以一种或一批相关文献为加工对象，在对信息进行深入研究的基础上或客观评价信息的价值和特点，述其旨要，评其品位，阐其新意，鉴其短长，誉清扬优，讥浊抑劣；或抽取其观点、数据、结论，进行提炼、分析、研究、论证，提出加工者的观点及建议。这类产品是学术性、智能化很高的产品，对加工者在知识结构、能力素养等方面有特殊的要求，产品的加工过程就是分析研究、评判、综合的过程，也是判断决策的过程。属于这一类的信息产品有信息评论、信息综述、信息研究报告等。

（6）相关性信息

这类信息产品根据信息与信息之间的关系——如引用、注释、参考等——通过一定的编辑方法把相关信息组织成检索系统：或扩展信息的相关性，使著文与引文互相折射；或对信息进行切割，重新组织，使信息结构化、模块化，建立起非线性知识系统。因为这类信息产品是将信息中的相关关系通过引证联结或链路链接方法，建立起网状信息检索系统，所以，不仅为用户提供了一条查询相关信息的途径，也可帮助用户把信息扩展到更广的领域。属于这一类的信息产品有引文索引、超文本系统等。

3. 信息加工方法的创新

（1）以单元信息为加工对象的功能信息

功能信息是指文献内部潜在的各种有检索和开发利用价值的信息。

每种文献，特别是工具书，都有各种功能。如一部《中国百科年鉴》，如果系统深入地逐页分解，可标引出千余种功能词。有的功能根据判断和经验可以被用户利用，有的功能根据文献中的标题或目次也可知晓；但是，在多数情况下，文献中的许多功能隐含在章、节、篇中，有的潜伏在附录中。如《辞海》有十余种附录，不仅给用户在信息数量及每种信息的整体利用上造成负担，更重要的是对文献信息内部有价值的开发方面带来困难。

现有的信息加工方法，或提供信息出处线索，以解决对信息的查询检索问题；或提供文献信息的内容特点，以解决对信息的不确定性问题；或评价文献信息的内容得失，以供用户参考决策。对于如何深入文献目前还没有成熟的方法。功能信息则为解决用户这一信息需求提供了理想的途径。

作为深度加工的一种方法，功能信息的特点和作用表现在以下方面：

① 功能信息的特点

首先，功能信息的加工以文献内容的一个个组成部分为对象，针对的是文献每个段落中的单元信息，而不是一种文献的整体。目前广泛应用于文献标引的主题方法，强调的是一种文献所涉及的内容。功能信息的标引方法虽然在理论上与主题标引是基本相同的，都是以语词这种文字形式表达、揭示文献的内在信息，但是，两者在加工处理信息的层次上有所不同：主题标引一般面向一种文献，处在文献的整体层面上；功能信息的标引则深入文献内部的段落中，处在文献的单元层面上。

此外，在标引的语词数量上，主题标引一般一种文献 3—5 个主题词；而功能信息的标引数量无限，予以揭示开发。

其次，功能信息对于文献的加工开发是系统和周遍性的。功能信息标引的工作程序是从文献的第一页开始，逐页、逐段、逐单元的进行功能信息的标引，使有价值有作用的信息尽可能全面系统地揭示出来，展示在用户面前。

② 功能信息的作用

◇ 淡化了信息检索中个人化的经验　功能信息使任何一个没有检索经验的用户都可以方便地根据所查问题，迅速地检索到解决问题的一个或多个答案及最优化的途径。美国一个图书馆学家在谈及文献检索的体会时曾说，对于查询问题的检索，除了经验还是经验。经验的积累对于用户来说是非常艰难的，需用大量时间的实际检索及总结。尽管目前编制了大量的各种检索工具，但对于新用户来讲，信息检索仍是一个难题。

◇ 理顺了用户检索课题的逻辑关系　用户在检索课题时的程序一般为：遇到检索课题—分析课题—判断选择检索工具—实际检索。如若没有达到检索目的，还需要重新分析课题，判断选择检索工具，往返数次，直至解决问题。功能信息系统的设计不仅顺应了这个顺序，还可以着眼其中的环节，用户可以从检索课题入手，直接在功能信息系统中检索课题答案。

◇ 提供了系统开发利用深层次文献的途径　功能信息对于文献信息的标引可以是一种文献，也可以是一种文献的数本信息。如可以以《中国百科年鉴》为对象，建立“中国百科年鉴功能信息检索系统”，把历年“百科年鉴”作为一个系统进行建设。还可以是一类文献甚至是一个学科的文献，把学科内的文献作为一个整体进行综合开发，打破文献与文献之间的界限。

◇ 完善了信息加工处理体系　功能信息深入文献内部，利用功能词标引的方法，周遍性地对文中有价值及有检索意义的信息，根据一定规则进行标引处理，继而建立功能信息综合检索系统。这不仅为用户利用隐含文献内部的有价值信息开辟了新的检索途径，为解决各类文献功能信息的开发起到了发凡起例的作用，更重要的是把这种信息加工处理方法模式化，作为一种新的方法展示在世人面前，丰富了现有的信息加工方法。

图 1 为首都图书馆创建的《北京地方文献功能信息检索系统》实例。

(2) 以提供原始语句为目的的精粹信息

所谓精粹信息，是指原始文本中隐含的有价值的观点、方法、资料、事实、结论等片断语句。

随着时代的发展及文献数量、形式的变化，为了满足用户的文献需求，信息加工者创造了丰富的多层次的信息加工处理方法：有的描述文献的外表特征，为用户提供文献的出处线索；有的揭示文献的整体信息，为用户提供文献的内容梗概；有的处理

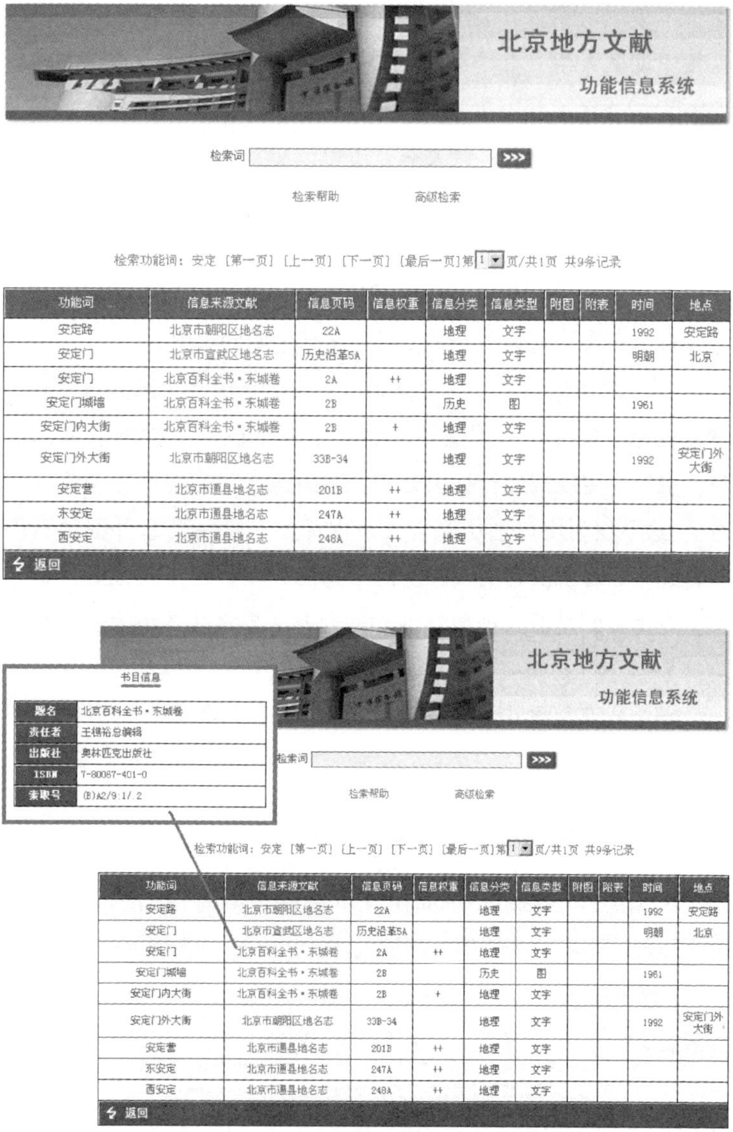

功能词	信息来源文献	信息页码	信息权重	信息分类	信息类型	附图	附表	时间	地点
安定路	北京市朝阳区地名志	22A		地理	文字			1992	安定路
安定门	北京市宣武区地名志	历史沿革5A		地理	文字			明朝	北京
安定门	北京百科全书・东城卷	2A	++	地理	文字				
安定门城墙	北京百科全书・东城卷	2B		历史	图			1961	
安定门内大街	北京百科全书・东城卷	2B	+	地理	文字				
安定门外大街	北京市朝阳区地名志	33B-34		地理	文字			1992	安定门外大街
安定营	北京市通县地名志	201B	++	地理	文字				
东安定	北京市通县地名志	247A	++	地理	文字				
西安定	北京市通县地名志	248A	++	地理	文字				

北京地方文献
功能信息系统
检索词 >>>
检索帮助 高级检索
检索功能词：安定 [第一页] [上一页] [下一页] [最后一页]第 1 页/共1页 共9条记录

功能词	信息来源文献	信息页码	信息权重	信息分类	信息类型	附图	附表	时间	地点
安定路	北京市朝阳区地名志	22A		地理	文字			1992	安定路
安定门	北京市宣武区地名志	历史沿革5A		地理	文字			明朝	北京
安定门	北京百科全书・东城卷	2A	++	地理	文字				
安定门城墙	北京百科全书・东城卷	2B		历史	图			1961	
安定门内大街	北京百科全书・东城卷	2B	+	地理	文字				
安定门外大街	北京市朝阳区地名志	33B-34		地理	文字			1992	安定门外大街
安定营	北京市通县地名志	201B	++	地理	文字				
东安定	北京市通县地名志	247A	++	地理	文字				
西安定	北京市通县地名志	248A	++	地理	文字				

返回

图 1　北京地方文献功能信息检索系统

人物类功能信息

[第一页] [上一页] [下一页] [最后一页] 第7页/共8页 共100条记录

功能词	信息来源文献	信息页码	信息权重	信息分类	信息类型	附图	附表	时间	地点
武功卫	北京地名志	51B	++	人物	文字				
孝康章皇后	北京地名志	52B	+	人物	文字			顺治时	
孝圣皇太后	北京旅游世界之最	43B	+	人物	文字				
孝懿仁皇后	北京地名志	52B	+	人物	文字			康熙时	
谢迁	北京地名志	51B	+	人物	文字				
徐善	北京文物旅游景点大观	197a		人物	文字				
许亢宗	北京文物旅游景点大观	174b		人物	文字				
薛蕙	北京市丰台区地名志	509A		人物	文字			明	
懿安皇后	北京地名志	51B	+	人物	文字				
曾棨	北京市丰台区地名志	502B		人物	文字			明	
— 詹天佑	河北通志一县沿革表	206B-207B	+++	人物	文字			1919	八达岭
张爵	北京地名志	22B	+	人物	文字			明朝	
赵秉文	北京文物旅游景点大观	175b		人物	文字			金	

人物类功能信息

[第一页] [上一页] [下一页] [最后一页] 第8页/共8页 共100条记录

功能词	信息来源文献	信息页码	信息权重	信息分类	信息类型	附图	附表	时间	地点
赵秉文	北京市丰台区地名志	502B		人物	文字			金	
赵孟頫	北京市丰台区地名志	505B		人物	文字			元	
赵朴初	北京市丰台区地名志	505B		人物	文字				
朱标	北京旅游世界之最	76A	+	人物	文字				
朱祁镇	北京旅游世界之最	76B	+	人物	文字				
朱彝尊	北京市丰台区地名志	508A		人物	文字			清	
朱元璋	北京旅游世界之最	76A	+	人物	文字				
朱云炆	北京旅游世界之最	76A	+	人物	文字				
— 宗喀巴大师	河北通志一县沿革表	104B-105A	+++	人物	文字			清朝	雍和宫

图 1　北京地方文献功能信息检索系统(续)

文献中的词语内容，为用户提供周遍性的信息；有的鉴选文献中的单元信息，为用户提供文献中的原始信息；有的研究文献的内容特点，为用户提供网状的关联信息。

面向新世纪，一方面文献信息的数量急剧膨胀，而且污染严重，另一方面用户的信息需求将向多维及便捷方向发展。如何以用户为本，解决用户的时代需求，创立新的信息加工方法，是我们面临的一个课题。通过对用户的调查分析，得知用户最终需求的是原始文献中有价值的片段信息，即精粹信息，故满足用户的这一层次需求应是信息加工者的工作重点。

① 精粹信息的特点

在信息加工层面上，精粹信息属于对直接的原始信息的提供。在这一层面及与这一层面相关的信息产品有类书、信息汇编、全文检索、超文本系统等，虽然提供的信息相近，但它们在加工方法及功能方面有着明显的区别。

首先，历史上的类书抄录文献，虽采集信息与精粹信息相似，但是，两种信息产品各有不同。

类书编撰的原始目的是供“皇览”、“御览”、统治借鉴之用，其中不少是“奉敕”之作，其他的目的则是科举、粉饰太平、网罗人才等；精粹信息编制的根本目的是解决信息过量、污染严重，帮助用户摆脱无序信息的包围和裹挟，解除利用信息的烦恼和困难，让用户真正成为信息的主人，享受信息社会的无穷乐趣。

在取材上，类书是回溯性的，历史的文献都在收录之列，所以有人说它是一种向后看的工具书；精粹信息着眼于未来，收录选取新近的信息，这些信息不是古代的经典名句，也不是历史上的哲理誓言，而是最新的学术信息、学术成果、学术观点，这些信息不是供人欣赏品味的，而是供用户研究创新用的。

在截取文献的方法上，类书或篇或部或段，客观上保存、流传文献；精粹信息则以不断章取义为原则，把截断的信息过滤缩短到最小程度。

在编撰上，类书成书后，抄录或印刷成册就算竣事了，它的编撰是一次性的；精粹信息的编撰则是动态的，建立精粹信息检索系统后，应随时根据用户需要及文献状况进行信息的补充更新，它的加工是连续性的。虽然这两种信息产品有所不同，但精粹信息在加工中可以借鉴书中的一些思想及方法。

其次，文献汇编也属于提供原始信息的信息产品，在编撰上，也需要在一定的指导思想及鉴选原则下进行鉴选；所不同的是，精粹信息鉴选的是一篇文献内部的单元信息，是更明确的信息片断，不是一篇文献的全部。虽然两者都属信息鉴选的范畴，但从本质上讲，文献汇编所选的文献还是一批潜结构的信息，用户利用还需要线性顺序地阅读猎取，从中发现有用的部分；而精粹信息是一种显结构的信息，无须用户再去发现。如果说文献汇编是一个面，那么精粹信息就是一个点，精粹信息提供的信息更深入、更实用。

最后，以现代信息技术手段处理加工的全文检索、超文本系统也是提供原始文献的功能，但是，全文检索从本质上讲是一种内容索引，它深入文献中的字、词、句进行处理，把原始文献与索引紧密结合起来成为一体，用户利用索引获得原文献。超文本系统通过追踪和建立参考项形成网状信息链接结构，使用户沿着系统中的链接进行信息单元之间的浏览。两者在信息的提供上都有间接性，而且信息的处理以自身的文本为对象。

相比之下，在编制的投入上，精粹信息需投入加工者辛勤的智力劳动，而且需要加工者具有良好的学科知识及判断能力，机械的加工成分少。在信息提供上，精粹信息直接提供信息及出处，不需通过中间环节。在信息的范围上，精粹信息以所有不同载体的信息为加工对象，鉴选的范围广泛，不局限于一种或数种文献。

② 精粹信息的作用

作为一种信息加工方法，精粹信息为用户提供的是原始的、片断的、直接参考引用的信息，其意义是多方面的。

首先，它对信息进行过滤，消除污染及噪声，加速了信息的交流与传递。当今信息时代，社会竞争激烈，节奏加快，用户很难像以往那样有足够的时间去品味、欣赏原始文献。面对海量信息，用户束手无策，真伪难辨。精粹信息的加工在对整篇文献筛选的基础上，深入信息内部进行鉴别，排除老化、冗余及虚假信息，消除信息噪声，减轻信息交流的负担，加速有效信息的传递。

其次，满足了用户利用文献信息的“最小努力原则”，为用户提供了一种获取和吸收信息的快捷方式。在信息活动中，每个用户都希望在解决问题的前提下花费最少的时间和精力，轻松便捷地获得需要的信息。精粹信息的加工正是适应了用户这种需要。因为信息加工者在铺天盖地的、优劣掺半的信息中经过辛勤的智力劳动，已经为用户付出了“最大努力”，使信息表面化、显见化，用户利用精粹信息检索系统查找所需信息可以一步到位，基本上不需经过中间环节。

第三，精粹信息加工是一个知识信息创新过程，不仅创造了新的信息，而且赋予了原始信息新的价值。从价值学说讲，信息的每次加工都会给原来的信息带来新的价值。尽管在加工过程中没有更易其中一句一字，也没改变原信息的结构，但是，信息加工者投入了时间，投入了个人化的知识，使鉴选出来的信息脱离了“母体”，脱离了原始文献的潜结构，成为一条独立的、自身完整的、高纯度的新信息产品，并以此为对象，再进行重新聚类组合，进而形成了一个新的信息系统，使其具有新的信息属性、新的信息价值。

第四，它具有完善信息加工体系，推进用户信息系统的功能。在目前信息加工体系中，有提供文献信息出处线索的索引等检索工具；有提供文献信息内容梗概的提要、注语等信息产品；有提供整体信息选录汇集、汇编、文集等信息产品；有研究信息特点、结论的述评、综述等信息产品；有链接文献相关信息的引文索引、超文本系统等信息产品：可以看出，在提供研究性、学术性片断信息方面是个薄弱环节。加强精粹信息及其系统的建立，可以强化原始信息层面的提供工作，进而完善现有的信息加工体系。此外，用户通过精粹信息系统，消除了信息利用的不确定性，可以激发他们检索信息、参与信息加工的兴趣，根据他们自己的需要，构建起以用户为中心的用户信息系统。

第五，它具有信息的评价功能。核心期刊评判的一个重要标准是所载文献的被引率。同理，精粹信息加工的对象是学术性文献，鉴选的是文献内部的单元信息。入选单元信息条数越多，证明那篇文献的学术性、新颖性以及价值含量越高，客观上对某一学科专业文献做了评判。

图 2 是首都图书馆创建的《健康养生精粹信息检索系统》中的实例。

加 权： 1 分类号： R247.1 类 别： 饮食养生

主题词： 预防痛风 日常饮食

正 文： 预防痛风，在饮食上应严格注意以下几方面：1、限酒与禁酒。2、适量的高蛋白食物：过高的蛋白质可诱发痛风发作。3、多食偏碱性的蔬菜、菌藻类和水果。4、大量饮水：最好喝白开水、淡茶、矿泉水、鲜榨果汁、菜汁、豆浆等。5、建立良好的饮食习惯：每日应少餐多食、营养均衡，改进不良的饮食习惯与嗜好。6、维持标准体重。

载体类型： 期刊

著者： 孙淑芝

题名： 科学养生

著录信息： 孙淑芝．痛风的饮食预防．科学养生，2006（5）：09、10

来源出处：

加 权： 1 分类号： R155.1 类 别： 饮食养生

主题词： 饮食搭配 预防癌症

正 文： 火锅容易诱发食道癌变，并且，火锅浓汤中含有较高的“卟啉”物质，经过消化分解后在肝脏代谢生成尿酸，还可能引发痛风病。此时，吃个柚子就能有助于滋阴去火，健脾消食。

载体类型： 期刊

著者： 伊诗

题名： 健康文摘

著录信息： 伊诗．有害食物有“解物”．健康文摘，2006（4）：41

来源出处： 新闻信息报

a

加 权： 1 分类号： R161.1 类 别： 四季养生

主题词： 冬季养生 预防痛风

正 文： 冬天是痛风的高发季节，究其原因主要与气候寒冷使血液中的尿酸容易形成微结晶有关。此外，冬天节日期间吃喝应酬，稍不注意就会发作。

载体类型： 期刊

著者： 杜惠

题名： 大众医学

著录信息： 杜惠．痛风患者：管好嘴巴．大众医学，2006（1）：21

来源出处：

加 权： 1 分类号： R247.1 类 别： 疾病养生

主题词： 偏方 豆腐 痛风

正 文： 由于豆腐含嘌呤较多，所以因嘌呤代谢时常的痛风病人和血尿酸浓度增高的患者，不宜吃豆腐。

载体类型： 图书

著者： 《报刊文摘》编辑部编

题名： 健康与养生

著录信息： 《报刊文摘》编辑部编．健康与养生．上海：上海教育出版社，2000：7

来源出处：

加 权： 1 分类号： R459.3 类 别： 饮食养生

主题词： 饮食禁忌 饺子

正 文： 吃饺子的注意事项：1.包饺子时所用的肉料不要太肥，馅里也别放太多的油，油大也对健康不利。2.饺子味美，也要因人而异，对于患有不同疾病的人，吃饺子也要有所注意：①胃肠功能较弱或有胃溃疡、十二指肠溃疡的人，功能性消化不良的人，最好不要吃韭菜、芹菜馅的饺子，因为这类青菜所含的纤维较高，会增加胃肠的负担。②糖尿病人一定要避免油量过大，因为临床发现，太过油腻的饺子易使病人血糖波动。③胆囊炎、胰腺炎病人吃饺子时，除了油不可过多外，青菜的量也不可过大。④痛风病患者尽量不要食用海鲜馅饺子，因为海鲜中的嘌呤含量较高，易导致痛风发作。⑤肝脏病人则尽量吃用瘦肉做的饺子，用纤维较少的青菜，以免消化不良。

载体类型： 期刊

著者： 编辑

题名： 养生大世界

著录信息： 编辑．辞旧迎新年欢乐饺子宴．养生大世界，2006（1A）：9

来源出处：

共6页 当前页： 1 前一页 下一页 Go 页

b

图 2 健康养生精粹信息检索系统

参考文献

[1] 倪晓建. 信息加工研究[M]. 北京：北京图书馆出版社，1998.

[2] 倪晓建. 走向新世纪的信息加工. [M]//中国图书馆学会. 世纪之交：图书馆事业回顾与展望. 北京：北京图书馆出版社，1999.

走向新世纪的信息加工*

归根结底，信息产生和存在的意义在于用户充分而又有效地利用。铺天盖地优劣掺半的新生信息，让用户目不暇接，给用户带来富有和喜悦的同时，更多的是困惑和迷茫。面对海量而又杂乱的信息，用户要么望洋兴叹，束手无策，畏难却步；要么浏览标题，过眼云雾，转瞬即逝；要么蜻蜓点水，浅尝辄止，不解其味；要么摘记太多，信息盈袋，为其所俘；要么悉数阅读，良莠不辨，终为书橱。摆脱无序信息的包围和裹挟，解除利用信息的烦恼和困难，让用户实实在在享受信息社会的无穷乐趣，真真正正成为信息的主人，需要对信息进行科学系统而又深入具体的加工。

毫无疑问，在以往信息加工的实践中，文献信息加工处理者根据用户需要及文献的数量、特点、形式等，创造了许多信息加工处理的方法，诸如提要、注语、书目、索引、文摘、汇编、书评、综述、分类、主题等。它们为用户或提供文献的内容梗概，解决对文献的不确定性；或提供文献的出处线索，解决对文献的查询检索；或评述文献的内容得失，供用户参考决策。信息技术

---

* 原载于《世纪之夜：图书馆事业回顾展望》，北京图书馆出版社，1999 年。

的发展及文献形式的变化，为了给用户提供利用网上信息资源的途径，研制了一些查询工具，如菜单式信息查询（Gopher）、广域内数据库检索（WAIS）及环球信息网（WWW），这些查询工具部分地解决了网上信息资源的检索问题。面向新的世纪，如何根据信息不断膨胀的特点及用户需求日趋变化的现实，解决好信息泛滥与用户需求之间的矛盾，这是信息加工者面临的一个现实问题。

1. 精粹信息的加工

所谓精粹信息，是指原始文本中隐含的有价值的观点、方法、数据、事实、结论以及警言、文句、图像等片断信息。

信息资源的组织和管理，核心和关键的问题是信息的开发利用。在实践中，用户最终需要的是原始文献中有价值的信息（片断），而这些信息又毫无规律地散落分布在原文各处，隐含在各章节段落中，给用户设置了天然障碍，使用户很难利用消化，在利用过程中失去了生命，失去了智慧。从理论和实践上讲，用户的一切需要都是合理的。满足用户对实质性有价值信息的直接利用，需要对潜结构的原始信息进行深层次加工和提取，使各种信息从隐含到显明，从虚假到真实，从原始到再生，从繁复到精华。

精粹信息的加工，需要付出艰苦的智力劳动。从人类行为讲，人类行为都遵循“最小努力原则”，用最少的精力和时间去实现既定的目标。为了满足用户在利用信息中实现这一人类行为原则，信息加工者应在时间和脑力上作出“最大的努力”。从价值学说看，信息的每一次加工都会给原来的信息赋予新的价值，使信息得到升值。精粹信息的提取虽然没有改变其原来的结构，但是，它已脱离了“母体”，成为一条独立的新的信息。从传播学角度讲，精粹信息加工为用户排除了干扰，消除了噪声，减轻了交流利用的负担。从创造学角度看，精粹信息加工的过程，就是创造新信息形成再生信息的过程，而这种新的信息产品具有很高的价值含量。从文献学角度讲，精粹信息加工对大量的信息进行鉴选、节录、重组，使信息精确化、系统化，给原生信息重新定位，带来无限生机。从目录学角度讲，精粹信息加工不仅可以解决信息众多与用户利用之间的矛盾，而且可以满足用户最需要的重点信息。

（1）进行精粹信息加工，重要的要建立精粹信息鉴评标准体系

在确定鉴评标准时，首先要明确特定的用户对象，弄清所加工的信息是为哪个学术层次的用户服务的；其次要明确用户的目的，是为用户学术研究而鉴选加工，还是为用户学习欣赏而节取选录；然后还要确定所加工信息的具体学科，因为学科专业不确定就无法确定文献源。就精粹信息库而言，多以专题范围为宜。

就目前用户需求而言，应重点满足科学研究人员学术研究的需要。据此，文献信息的鉴选标准可以从以下几个方面建立：

◇ 时效性　所选录的信息应是近期出现的，保证所选信息的新颖性，使信息库里的观点、数据、方法、结论等精粹文句发挥的作用能持续较长时间。

◇ 学术性　所选录的信息应具有较高的学术水平，不仅能发挥参考作用，而且能达到启发及引用价值，使用户能产生新思想、新创意。因为所选信息是为学术研究而用的，所以那些以往

产生的经典语句不需选录。

◇ 权威性　所选录的信息应考虑学者专家们的见解，他们是某一方面的学科带头人，一般来讲，他们的研究成果具有前瞻性。

◇ 参考性　所选录的信息应具有使用价值，用户在得到信息后可以直接参考引用。

在制订鉴选标准时，还应考虑文献的类型标准和文献的性质标准，同时，在文献的时间和责任者的标准中也应做出具体的规定。

在具体鉴选下载时，应做到所选信息的完整性，能独立表达一种学术观点或思想，保证信息不是支离破碎的；其次，应做到单元信息的简明性，不能有多余陈腐的语句，句句都应与单元信息的主题紧密相关；第三，应做到节录信息的客观性，不能以个人好恶或个人学术观点进行选择，同时，也不能断章取义，支解歪曲原信息的本意，以使信息的传递准确无误；第四，应做到下载信息的新颖性，在建立精粹信息库时，要选择最新的原始信息文本，为了保证信息的新颖性，要不间断地进行鉴选工作，使原生信息与精粹信息系统同步发展；第五，应随时对选录的信息根据重要程度进行加权处理；第六，应对一些信息进行必要的注释，帮助用户有效地使用信息，以防产生偏离信息本意的见解。

（2）建立网上精粹信息数据库，新的世纪是网络信息的世纪

为了加快信息传递的速度，同时也为了信息的有效利用，所鉴选的信息应在因特网上建立精粹信息库。

首先，对鉴选的片断信息要进行科学的标引加工，每条信息

的检索点至少应包括分类号、主题词、责任者、题名、语种、序号等。此外，每条信息下面要注明详细出处。

其次，要制订某一学科精粹信息的下载指南，主要内容包括网上检索工具评介、检索途径设计、检索策略分析、网上精粹信息节取规则等。

第三，网上数据库的设计，在结构设计上应满足信息不断扩展及用户多途径检索的需要，在技术上应考虑网上信息的直接移取及网外信息的录入等问题。

从长远的发展看，可以考虑建立开放式的数据库：一方面，用户可以自由地检索利用网上精粹信息库里的信息；另一方面，原始信息的责任者可以依据精粹信息加工规则，把自己文献中的精彩语句及要道之言提取出来并移取到数据库中去，充分发挥各学科专家学者的作用。

2. 信息加工的体系

在知识不断创新的环境下，信息加工方法在酝酿着变革。21世纪的文献信息载体及传递方式在不断发生变化，21世纪的信息用户需求也在发生着变化。面对两者不断变化的挑战，信息加工方法必须进行创新，以适应信息社会发展的潮流。

历史上，已形成了许多信息加工方法，它们以不同方式从不同角度描述、揭示、评介、处理、链接信息，以满足用户的不同需要。为了认识和加工信息的需要，人们对加工方法进行过不同角度的分类，如：根据信息加工深度分为准二次文献、二次文献、三次文献等；根据信息产品的不同用途分为书目、索引、文摘、提要、注语、书评、综述、汇编等。为了更系统多层次地对信息进行加工，满足用户不同层次的需求，有必要对信息加工体系进行科学化、体系化的研究。

对现有信息加工方法进行系统的研究，其主要目的是为创立新的信息加工方法提供基础和条件，引导和启发人们有意识地去思考、研究信息加工中的一些问题，提出加工方法的新设想。历史上根据当时条件和环境产生的信息加工方法，是我们今天研究新方法的依据，也是我们创造新方法的动力。

根据上述认识，依信息加工特点及信息含量为标准，我认为目前的信息加工体系可概括为以下6个子系统：

（1）描述性的信息加工

这类信息加工的对象为文献信息的外表，如题名、责任者、出版者、时间、载体形式、信息长度、具体出处等。它的任务是为用户提供文献信息的线索，提供确认某种信息的依据，显示信息的长度和载体形式，初步了解和判断某种信息的内容及作用；同时，它还具有对信息实行控制及反映学科研究概况等作用。它具有加工简单、信息容量大、速度快等特点。它的信息容量比较灵活，可以以某种文献为加工对象，也可以以某种学科或专题为范围，还可以以数个学科或所有学科为范围。属于这一类的信息加工产品有题录和各种题录性质的数据库等。

（2）整体性的信息加工

这类信息加工的内容在描述性信息加工的基础上，对文献信息的内容进行高度概括或提炼，如文献信息中的观点、数据、研究方法、特点、创新、结论等。它的任务是为用户提供文献的内容梗概或原始重要语句观点，扩大用户知识视野，克服语言文字障碍，帮助用户掌握学科进展。这类信息加工有提要、注语、文摘等。提要的加工具有客观、精炼、准确等特点，它是原始信息的画像，具有参考性。文摘具有原始信息传真照片的特点，它揭示隐含和潜在信息，保持原文的思维逻辑和真实原貌，使信息由潜结构到显结构。它们的信息容量可分数个层次，如提要可分为要点、注释、叙述、罗列、评介、学术等层次。

（3）鉴选性的信息加工

这类信息加工在对有关信息调查研究的基础上，根据一定需要，对每种信息进行鉴别、评价、筛选，或摘取语句节段，集万卷之精华；或录取其整篇全部，集数篇为一册；或节取单元信息，汇分散为系统。它的任务是直接让用户看到信息的原貌，看到实质性信息，直接参考引用。它的加工需要制订鉴评标准和规则，加工方法包括信息汇编及精粹节录等。原文鉴选性质的信息汇编虽然选录原文，一字不易，但是，它把一个时间阶段的优秀文献聚合结集在一起，既可以起到学科总结回顾的作用，也可以节省用户寻觅检索的时间。精粹节录深入文献信息内部，把闪光的有启示价值的要道之言、惊世见解选录出来，展示给用户，在信息泛滥的今天，其价值是巨大的。

（4）周遍性的信息加工

这类信息加工以一种或多种相关信息为加工对象，深入信息内部的字、词、句或段、页、节，对有检索意义的词语或功能主题进行全面标引，使有价值的信息索引化，使隐蔽潜在的信息显见化、系统化，变封闭性信息为开放性信息，使用户方便快捷地检索到有价值感兴趣的内容，跳跃式地选择利用信息。这类信息加工在具体实施加工时，需要对原生信息进行必要的技术处理，拟定标引规则，规划系统设计。属于这类信息加工的方法有全文检索系统和功能主题检索系统等。

（5）研究性的信息加工

这类信息加工以一种或一批相关文献为加工对象，在对信息进行深入研究的基础上，或客观评价信息的价值和特点，述其旨要，评其品位，阐其新意，鉴其短长，誉清扬优，讥浊抑劣；或抽取学术观点、数据结论，进行提炼、分析、归纳、研究、论证，提出加工者的观点及建议。信息加工的过程就是分析研究、评判综合的过程，也是判断决策的过程，要求信息加工者在知识结构、能力素养等方面有较高水平。属于这类信息加工的方法包括文献评论和信息综述、信息研究报告等。它们的加工成果是一篇评论或述评文章。

（6）相关性的信息加工

这类信息加工根据信息与信息之间的关系，如引用、注释、参考等，通过一定的编辑方法把相关信息组织成检索系统，或扩展信息的相关性，使著文与引文互相折射，或对信息进行切割，重新组织，使信息结构化、模块化，建立起非线性知识系统。这种加工方法有引文索引、超文本系统等。因为这类信息加工是将信息中的相关关系通过引证联结或链路链接方法，建立起网状信息检索系统，所以，不仅为用户提供了一条查询相关信息的途径，也可帮助用户把信息扩展到更广的领域。

参考文献

［1］彭斐章. 科学研究与开发中的信息保障[M]. 武汉：武汉大学出版社,1998.

［2］倪晓建. 信息加工研究[M]. 北京：北京图书馆出版社,1998.

［3］倪晓建. 当代类书简论[J]. 情报资料工作,1992(5)：42 - 43.

［4］柯　平. 文献目录学[M]. 郑州：河南大学出版社,1998.

［5］岳剑波. 信息环境论[M]. 北京：书目文献出版社,1996.

［6］易克信,赵国琦. 社会科学情报工作理论与方法[M]. 北京：社会科学文献出版社,1992.

怎样当好图书馆馆长*

今天和大家交流探讨如何当好图书馆馆长，主要是一些共性的问题，共性中尽可能地谈个性。无论共性和个性，我的期望是大家都积极思考，大家的观点、看法发生碰撞，在碰撞中产生管理的思想火花。同时还有一个想法，这次交流，只要有一个观点、一个故事、一句话的收获和感悟，我们的目的就达到了。

◇ 与他人交流中收获的观点

就怎样当好图书馆馆长这一问题，我问了不少的领导、馆长、同行，一个人一个说法。下面列一部分大家共享：

“当馆长主要有三件事，一是开开门；二是不进水；三是不冒烟。”

“要看三种报：《人民日报》、本省市的日报、《中国文化报》。”（一位西部馆长听说我要当馆长，写了5页纸的信，语重心长。）

“要深沉点，少说话，叫下属摸不透。”内心深处要隐藏不能宣泄，这叫成熟。

“不要把自己当成个人（物），与职工打成一片，与职工交朋

---

* 2003—2005年在中国图书馆学会等培训班上的讲演稿。

友。”看不出个馆长样儿。

“多干活，多做工作，特别是脏活、累活带头苦干，职工自有评判。”

“抓住两个：一是上班与下班时间，要在馆门口；二是骨干与刺儿头。”

“会要钱，能喝酒。”

“团结加收入。”

“创新与服务。”

每个人经历不同，每个人的理解不同，每个人的性格不同，每个人的修养不同，每个人的学识不同，每个人面对的单位不同，所以，每个人的感悟也不同；但是，他们都成功了。尽管他们没有道出当馆长的全部，只是其中的一点或两点，或是风趣之谈，但我认为，都值得我们借鉴和思考。

◇ 书中的观点精彩纷呈

向书中要主意，书中有不少关于当领导（馆长）的论述。

老子把领导分成四种境界：侮之恨之、惧之敬之、亲而誉之、不知有之。具体说来：

侮之恨之——强迫命令的管理模式，方法简单粗暴，容易造成上下对立；

惧之敬之——依靠行政命令和惩罚方式，使人敬而远之、惧怕的管理模式；

亲而誉之——领导与被领导之间关系融洽的管理模式，被领导者当面背后赞誉领导，感情亲近，但被领导者仍处被动地位；

不知有之——管理的最高境界，领导提供服务和条件，被领导者感觉不到被管理、被引导。

国家领导人对如何当领导也都有自己明确的态度。

毛泽东："出主意"，"用干部"；

邓小平："领导就是服务"；

江泽民："要研究领导科学"；

胡锦涛："求真务实"，一切为民着想。

现代管理理论认为要少一点管理，多一点领导，即：少一点领导者的作用，多一点被领导者的作用。当今领导要隐性化，其方式为：

情境领导——直接领导，通过设计，改变情境间接影响被领导者；

制度领导——通过规章、制度制约被领导者的行为；

组织领导——通过建立不同组织来实施；

文化领导——通过行政文化、组织文化来影响人、教育人；

艺术领导——沟通、认同（被领导者）；

人格领导——通过个性、品德、形象、魅力、资历、能力等产生作用。

图书馆学刊物上同样发表了不少关于如何当馆长的文章。

有的文章把馆长划分了类型：本行业专家（图书馆学专业毕业或悟道成内行）；外行业专家（其他学科的学者，如任继愈、黄钰生）；社会活动家（社会知名或有地位的人，如李大钊、刘季平）。

有的文章把馆长分为学习型、学者型、管理型、保姆型、综合型等几种类型。

多数文章则把馆长看成是"万能人"，什么都得会、什么都得懂、什么都要做、什么都得管；敬业，修养，开拓，创新，博爱，正身，真诚，宽容，团结，虚心；“多栽花”，严奖惩，建制度，讲政治，讲学习，树形象，要廉洁，要自律，会用人，有魅力，懂管理，懂决策，会业务，善社交……

总体来说，馆长无所不能，不是总理胜似总理，不是元帅胜似元帅。这是对馆长的期望和馆长的理想境界。

◇ 当了几年馆长的酸甜苦辣

谁都能管图书馆——街道的、城管的、卫生的、交通的、消防的。一个读者能搅得你天翻地覆，这一点各类图书馆恐怕都有同感。任何一位读者、一个教授、一位领导、一位院士有不满意的地方，都得听、得改。

领导是一门艺术，是一门科学，更是一种实践。天天都在进行这种实践。只要认真面对，人人都是成功者。当馆长没有一个定式，也没有一个通用的“药方”。因为当馆长或领导面对的是一个个活生生的人，一人一性，几百人就有几百个主意和想法。馆长怎样驾驭？除了共性的管理艺术和经验外，重要的是馆长个人化的知识能力。个人化的知识能力是不可言明的，也是他人很难学到的。

根据图书馆事业发展的要求以及图书馆工作的性质，结合本人的认识，提出几个方面的思路，供大家参考：

1. 明确任务

一个馆要有总目标，把图书馆建成什么样的水平；要有年度和三（五）年发展规划。这里所说的任务，是指图书馆共性任务以外的任务。无论是公共馆还是高校、科研馆，都需要有明确的定位和发展目标。俗语说：干活不由东，累死也无功。这个“东”就是领导图书馆或能影响图书馆发展的部门和人。

公共馆的馆长需要看三种报：

本省、市的日报——可以及时了解本地目前的主要工作和中心任务；全面掌握本地政治、经济、文化的动向；把握本地各项事业的运行态势。周和平副部长说过：馆长要研究当地政治、规划，主动融入当地建设。馆长虽不是政治家，但一定要研究政治。例如2004年六一儿童节前，《北京日报》连续报道了外地民工及子女的生活、上学等问题。首都图书馆少儿馆特别筹划了“同在一片阳光下，共享城市文明”等一系列活动，取得了良好的社会效果。

《人民日报》——有助于及时了解国家在文化事业建设方面的方针政策；知晓国家近期的中心工作及热点问题，如：公民权利、消费者权益社会公平等。以此思考图书馆，图书馆作为公共文化在世界范围内是体现社会公平、维护公民平等权益的地方，根据这一理念，图书馆可做很多事，比如收费问题、阅读限制、开馆时间等。又如：2004年7月底8月初，小平百年诞辰的纪念文章，声势大，首都图书馆提前就围绕这一主题开展工作，推出专架、推荐纪念图书、影片展播。

《中国文化报》——可以充分了解全国图书馆的信息；知晓文化部的重点工作及要求。

公共馆和高校馆的馆长应该看5种专业刊：《中国图书馆学报》《大学图书馆学报》《图书情报工作》及其他2种任选刊。高校图书馆还要分析研究学校的发展规划。

图书馆馆长还应及时了解重点学科所处的位置（全国、全世界）及信息资源状况；要通过登门造访、专人服务等多种方式了解学科带头人、院士及重点任务的需求；要搜集、组织、整理网上信息资源，通过计算机检索与人工（信息管理员）鉴别干预的方法建立专题性的数据库。其中，在为个别群体服务方面，各个馆都做了大量工作，如上海图书馆根据各位市领导的分工，把收集、鉴别、整理好的信息通过网络送到领导的办公桌上；不少学校馆根据需要专门为学科带头人订购外刊；还有的馆为城市改造、科技兴农服务，做出了特色。

2. 理念创新

现在的时代是个大变革大发展的时代，各行业都在创新发展，全国图书馆事业的发展有目共睹。如果作为行业中的一个图书馆不思进取，总是老样子，不仅会落后于社会和行业，也会叫社会瞧不起。

儒家经典《大学》中有一句话“苟日新，日日新，又日新”，体现了儒家思想的创新精神，提倡每天都有新气象。某国家领导人 1998 年在接见部分院士时说：“创新是一个民族的灵魂，是一个国家兴旺发达的不竭动力。”创新是熔责任、勇气、方法、态度、精神于一炉的实践。继承前人，又不因循守旧；借鉴别人，又有所独创。做到观察形势有新视角，推进工作有新思路，解决问题有新方法，使各项工作体现时代性，把握规律性，富有创造性。

在工作中，有许多事情可做，可能都会出“彩”、出成绩。要分析自己馆的有利因素、自己馆的能力水平，不要陷入幻想中。创新要摒弃不合时宜的认识、观念、做法，形成切合实际的政策，脚踏实地，发展图书馆事业。

常有所疑是创新的发端，勇于破疑是创新的能源。理念创新一步，行动就会向前迈一大步。我们应从常见的、普遍的、反复出现的现象中发现规律性的东西，勇于质疑、善于发现，从而获得不断创新的源泉。当然，创新不能功利主义在先，否则会造成短期行为，容易急躁、失落。

图书馆的创新，主要是围绕服务与管理进行，其依据是图书馆的性质和任务。为什么做同样的工作（事业），有的做得很好，有的做得一般，这就是服务中的差异，是“细节”出了问题。大家常说：“读者是上帝、一切为了读者、读者的需要就是我们的任务。”然而，现在实际工作中，图书馆的服务是不是做到了“一切为了读者”？也不尽然。图书馆的重要任务是提高社会的整体文化素质和知识水平，只要有利于社会教育和培养公众素质能力的工作、活动都可以做，不能局限于书、刊、报的服务。

图书馆的服务要从目的出发形成为读者服务的理念。读者是上帝，只有读者在服务中获得尊重、享受关爱、有所收获和提高，才能养成利用的习惯，才能以图书馆为第二起居室。“每一个人都有平等享受公共图书馆的权利，而不受年龄、种族、性别、宗教信仰、语言或社会地位的限制。”（联合国教科文组织《公共图书馆宣言》）“全体国民任何时候都有获取、利用所需资料的权利。这种权利得到社会保障……”（日本图书馆协会《图书馆自由宣言》）服务以固本，固本推发展。图书馆的服务内容丰富起来，气氛活跃起来，人气旺起来，受众面不断拓宽，社会效益好起来，领导、社会、公众重视起来，图书馆事业才能得到支持、发展，做到良性循环。

理念的创新，是工作有无新意的关键，是图书馆创新的源泉。新的理念，来源于学习和对事物的认识。有位作家说：“学习是一个人的真正看家本领，是人的第一特点，第一长处，第一智慧，第一本源，其他一切都是学习的结果，学习的恩泽。”新的理念和工作必须对事业执著追求，锲而不舍，天天、时时去思索。屈原在《天问》中一口气发出几百个问，但气魄还不够大。篇名为什么不叫《问天》？曰：天高不可问。今天，天再高也能问。只要思索，“白黑在前而目不见，雷鼓在侧而耳不闻”，就会有想法、有思想，产生思想的火花。“在活动中学习，在参与中体验。”北大张维迎（北大人事改革方案起草者）说：“改革是一种‘气’，一种气势、精神或者理念，而非仅仅是一种方案。如果没有这样的气势和理念的话，改革的效果就会大打折扣。”

图书馆的创新、改革也是一种“气”。要有一种气势和精神。如果要求再高一点的话，我们应该在实践和研究中形成自己的思想，提出规律性的定律和学说。做到这一点并不难，我们只有一步之差，差就差在没有提出学说的思想和准备。如“最小努力原则”（美国学者），其中道理都明白，但没有提升一步，也就没有“李氏定律”、“王氏原则”。图书馆创新的基本方面包括观念创新、制度创新、管理创新和服务创新。

3. 打造品牌

品牌在图书馆发展中起到非常重要的作用。馆长要根据各自馆的性质、资源特点、服务对象及技术发展，论证策划图书馆的品牌。有了品牌，就有个说法，拿得出手，说得出口。

图书馆要有品牌思想，要实施品牌战略。就像提起一位著名学者，马上就想到他是哪所大学的教授一样，品牌是图书馆的名片品牌，可以提高图书馆的地位和知名度，可以扩大图书馆的影响，可以体现图书馆的发展和管理水平。比如：深圳图书馆历史不长，藏书不多，但大家都知道或者熟悉她，重要原因是有一个品牌——ILAS。

品牌是一种错综复杂的载体，它浓缩了科技、管理、资源、质量、服务、信誉等多种信息，也包含着历史、评价、印象等多种因素。

如何筹划品牌?

首先，要分析论证，包括图书馆的类型、特点、服务主体。品牌不是支流细节，而是主流业务，能带动业务、促进事业发展。品牌不是“阳春白雪”，而是服务大众的。品牌不是一次性或者是应景、临时的，而是长期建设、经久不衰的。品牌不是保守的、孤芳自赏的，而是代表图书馆方向的。

其次，要进行可行性研究，分析本馆的资源条件、技术条件、人员条件、地域因素，研究品牌未来的发展前景、功能定位、规模效益和可持续性。例如，全国都在建设数字图书馆，“北京记忆”多媒体数字信息网站却做出了特色。首都图书馆有地方文献资源，有现代化设备和人员条件，创立的“北京记忆”网站既可为百姓大众服务，也可为研究人员、政府官员服务；同时，它也是为广大民众——北京人、全国人、外国人——服务的；它还是为人文奥运服务的产品，可以不间断地建设下去。

再次，品牌建设是一个持续性过程，不是一两个月或一年半载能成功的。在品牌建设中，要不断学习、不断完善、不断打造、不断宣传。如果允许，品牌产品还可以营销，自己发展自己。周和平副部长说过：馆长要善于策划项目，要学会讲“故事”。有了项目，才有经费，以项目促使政府投入。策划项目，思路要广、要开阔。举例来说：文化部策划的项目（品牌）——全国文化信息资源共享工程实现了四级网络共建共享，消除中西部信息差别，解决贫困地区购书难问题；教育部策划的项目（品牌）——全国高校文献资源保障体系（CALIS）实现了外文资源共享、节约经费、信息保障。

有了品牌，就能以点带面，促进本馆（本行业、本系统）工作。有了品牌，就能体现本馆特点（特色），彰显个性。为了扩大影响，树立良好社会影响，提高图书馆的知名度，要与新闻媒体建立良好的关系，请媒体宣传图书馆的品牌，宣传图书馆的服务活动。媒体宣传报道是有选择的，不会报道没有特色的新闻，所以我们要善于策划活动，大胆开辟新的服务项目，使图书馆和社会发展、社会热点联系起来。酒香也怕巷子深。《十面埋伏》没上演，通过宣传，已经家喻户晓。图书馆虽不是企业，但是宣传自己，让更多的人了解图书馆是必要的。只有了解图书馆，才能走进图书馆。策划宣传的另一功用，就是让领导了解图书馆，可争取更多的经费支持。

4. 信任，团结

信任与团结是馆长天天面对并且必须处理妥当的两件大事。

虽然这两件事不是直接的服务，常常是看不见、摸不着，但是它们时时处处存在，处理不好反映到工作中，却是实实在在，甚至可置馆长于危险境地，置图书馆于瘫痪状态。

信任危机是馆长的头等危机。没有信任就没有工作，更没有团结。信任与团结是馆长一切工作的基础。信任是团结的基础，团结是工作的保障，我们必须视信任、团结为生命。信任与团结体现在图书馆的馆长与书记之间，馆长与副馆长之间，馆长与中层干部、职工之间等多个层面。需要馆长处理和协调的关系涉及方方面面：副馆长与副馆长之间，部门主任与部门主任之间，副馆长与部门、职工之间，等等。如何做好信任和团结这两件事，馆长们各有高招，各有说法，各有实践，道理人人都懂，这里仅简述几点体会：

（1）信任和团结需要宽容、胸怀支撑

有多大胸怀办多大事。作为馆长，一定要五湖四海，不能搞小圈子，对下属不能有亲疏；有亲疏就有裂痕，进而发展为距离、猜测，直至矛盾。日常的工作态度要提倡一个“善”字。古人对“善”字有三点看法——孟子曰：“君子莫大乎与人为善”，把善看作“大”；孔子曰：“惟善以为宝”，把善看作“宝”；宋代罗大经则称：“为善最乐”，把善看成“乐”。古代提倡善，因为“善人者，人亦善之”。大家都善，可以形成良性互动。这里提出这个“善”字，主要是针对馆长管理中“刚”而言的。作为普通人，要“善”；作为馆长，应适度、科学地对待善。馆长要善待每一位员工，这应是馆长（领导）的一个原则。

馆长的宽容，要体现在言语和行动上。如何对待反对并且有恶意的人，如何对待持不同意见并在背后做小动作的人？ 有人认为要澄清事实，还我清白；有人说抓住辫子，得理不让人。 克林顿绯闻案，对方要以此弹劾他，但最终原谅了他。 为什么？ 克林顿在回忆录中说，是南非总统曼德拉救了他。 曼德拉就任总统时，把监狱中两位对他很苛刻的看守请到仪式上，讲话前，起身向两位看守鞠了躬。 原谅了他们，也断绝了过去。 克林顿很受启发，回国后，改变对抗及与对方为敌的态度，结果对方也原谅了他。 化敌为友，变对立为朋友，变消极为积极的例证在中国历史上比比皆是，值得今人学习和借鉴。

党政一把手之间要强调团结。 党政之间的关系问题是许多单位存在的头痛事情，馆馆都有难念的“经”。 具体工作中，要强调双方多沟通、多交流，凡事先征求对方意见，谈出自己的想法、观点，不成熟的问题不上会，避免在会上两个人的意见不一致，把矛盾暴露在班子成员面前。 对待下属员工要注意多关心、多谦让，关心对方的工作、家庭，有困难要帮助，有小疾前去看望，帮助和看望要真心实意。 有好的差事，让与对方，先人后己，困难抢在前，荣誉走在后。 对待党委工作要多支持、多理解，党政工作的目标、目的是一致的，分工不同，馆长要多支持党的建设工作（如学习、开会、活动等）。 对工会工作、团的工作多关心，给予时间、经费的保障。 如果允许，对方可担任副馆长职务，使党政工作一体化。 在具体工作中，要讲原则、善妥协，馆里工作的原则问题要坚持，非原则问题能妥协则妥协；切记不要小题大做，双方天天都在坚持“原则”，天天在找对方的“茬”，天天算计对方，天天设计“炮弹”。

馆长与副职之间，要调整好位置和角色。 馆长要多听意见，要拿出主见，善于决断，敢于负责。要注意多发挥副职的作用，多发挥领导团队的整体作用。对于副职，馆长要善于赋权，放手让他们去干。馆长不可能事无巨细独自担当。明确分工后，馆长的任务是提供条件，营造环境，鼓励和赞美，让副职有成就感。开会时让每个人讲几句，布置工作或总结时注意引用副职或下属的观点和意见。人人需要尊重，尊重和激励比多发奖金更重要。

一个好的班子，关键是馆长。好的馆长能够发挥成员的各人所长，互相学习，共同长进，实现共同进步；针对成员的各有不足，及时提出，互相交流，实现共同提高；安排成员各负其责，互相提醒，互相补充，实现共同目标：从而在图书馆营造一个和谐的气氛，做到面和心也和。馆长要做到平时多琢磨事，少琢磨人，馆长简单了，大家也就都简单了。要做个好人。这里所说的好人，按王选的说法是要做到想自己和想别人一样多；按季羡林先生的说法则是要做到想别人比想自己多。

（2）信任和团结需要制度、规章维护

宽容、胸怀，说的是修养。为人处事，能容人容事。管理一个馆，重要的是要有一套行之有效、人人执行的规章制度。小到一台计算机没关、某位员工迟到了 3 分钟，大到干部的聘用、数百万资金的支出，在规章制度里都要有明确的规定。

要以制度治馆，以法治馆，而不是因人论治，宽严无度。一个制度要不断完善，形成一个体系。每项制度的条文要非常具体，不能有随意性和模棱两可的语言。比如“家乐福”的管理方式，它是法国在华设立的一家商业公司，每个分店的规章制度文本有 50 厘米厚，每个细节都有规定，管理得非常好。

以首都图书馆第一次改革为例，形成 35 份文件，并经职工代表大会投票通过。包括部室的职责、财务管理、物资管理、考勤制度、奖惩制度、考核办法、职称评聘制度、分配制度、岗位协议、待岗人员协议、病休协议、出国人员管理规定、公派人员协议、外借人员（对外、对内）协议、内部退养规定等。这些规章制度保障了改革及日常工作的正常进行。

在制度中特别要建设好资金管理制度、采购（工程）管理制度、重大事情决策制度以及人事管理制度。有的馆规定，一定数额的支出要上党政会决定；有的馆规定，项目、工程、采购要有三家（询价、竞标）制度；有的馆建立了外采物品三人经手制度。

在制度建设中，例会制度也较为重要。有事有话会上说，避免会下乱议论。有三个例会：馆长办公会、党政办公会、中层干部例会。馆长和党政办公会要注意会前有议题，议题需审查，不成熟的议题不上会，对讨论的事人人发言，会后形成会议纪要并签字存档；中层干部会要汇报一个阶段的工作，谈下一阶段的计划，并由馆长通报和布置工作。

例会质量取决于馆长的科学决策。图书馆馆长的决策需要馆长根据工作性质、事物发展以及对全局的把握去决断。大的决策要借助于外脑，请馆外的专家（顾问、专题会）提前论证；要提前进行针对馆内外同类事情、工作的调查以及职工意见的调查研究；要及时与上级沟通，必要时请示上级，争取领导指导；要提前进行同级沟通，决策前与领导集体会前协商，征求意见。

（3）制度规章需要人才队伍去执行完善

制度再完善再好，也需要人去执行，需要有管理能力、为人正派、敬业爱岗的人去执行。人才建设是图书馆的根本建设。人才队伍建设是一个过程，不可能一蹴而就，要靠馆长去发现、培养、提高。优秀的图书馆离不开优秀的员工队伍。馆长要建设三支队伍：管理队伍、业务技术队伍、行政保障队伍。

图书馆的管理队伍包括馆领导集体和中层部室干部这一人群。培养选聘这支队伍的干部时，一定要“德”为先，要有合作精神、大局意识、牺牲精神和敬业精神；其次才是能力，包括决策能力、业务能力、协调能力、管理能力和独立处理问题的能力。

图书馆业务技术队伍包括信息整理加工及服务的业务部门、现代信息技术的应用与管理部门。业务技术骨干应有良好的图书馆业务基础知识、较好的语言能力（中外文）、良好的信息技术应用能力、较好的分析问题能力和合作协调能力。

图书馆还应拥有一支包括物业管理部门、行政后勤部门在内的行政保障队伍。行政保障队伍需要具有牺牲和敬业精神，熟悉业务，熟悉物业质量和价格，能为节约一分钱而不辞努力。

（4）监督机制是保障图书馆高效运转的保障

有了制度、人才还不够，必须有监督，要有监督机制。有职就有权，有权就有责，用权受监督。

首都图书馆发展感悟*

从利用首都图书馆，到与首都图书馆合作办学、讲课，直至2000年来首都图书馆工作，屈指算来，我与首都图书馆的交情有30年了。30年中，首都图书馆的发展令人振奋，感悟较深的有以下三点：

一是馆舍条件得到了改善。20世纪70年代末，当我第一次踏进曾是元、明、清三代最高学府国子监的首都图书馆时，感到好奇、新鲜，圜桥教泽、学海节观、辟雍、碑亭等景观目不暇接，心想这里真是读书人的天堂。当我2000年作为新上任的馆长来到这里时却是另外一种心情：庭院深深，古树参天，环境尽管很好，但馆舍面积制约了图书馆事业的发展。辟雍大殿、敬一亭等处堆满了打捆上垛的图书，不足1万平方米的馆舍，图书和内部办公占去了大半空间，留给读者的仅有3个阅览室，座位不足200个。正是鉴于这种状况，市政府投入近3亿元于1997年在东三环华威桥东开工建设首都图书馆新馆，规划面积3.7万平方米。在新馆建设中，市委市政府领导多次来视察。市委书记要求把首都图书馆作为北京市四个文化标志性建筑来进行建设，建

* 2008年在北京市公共图书馆工作会议上的发言。

成一个智能化、现代化的图书馆，成为重要的知识信息枢纽和精神文化建设基地。2001年5月25日，北京市市委书记、市长均亲临首都图书馆参加开馆典礼，我汇报了首都图书馆新馆工作及“国内领先、国际一流”的办馆目标。当我汇报到现在的面积还不能完全满足市民文化学习和休闲的需要时，市领导当场拍板进行二期建设，并把总面积定为10万平方米。目前，首都图书馆二期工程已进入施工招投标阶段，一座大型的、功能齐全、设施先进的现代化图书馆将展现在世人面前。

在新馆建设中，市文化局、发改委、财政局的领导给予了大力的指导和支持。特别是市文化局几位领导对新馆建设事无巨细，事事关心。2001年3月，首都图书馆搬迁时，文化局局长带领全局干部参加运送图书工作，几十斤重的书箱搬运了一上午，累得通身是汗。对于二期的功能定位及建设方案，降局长逐一审查，并对各楼层的功能布局、房间大小反复调研。市发改委的原主任丁向阳、副主任刘志以及梁昌新处长、尚萍、李方东等，都对首都图书馆新馆建设投入了极大的热情和精力。首都图书馆能有今天的发展，与各方面的支持与关心是分不开的。

二是文献资源建设得到了较大发展。俗话说，巧妇难为无米之炊。没有种类齐全数量匹配的文献，就失去了服务的基础。1978年首都图书馆购书经费11.8万元，1988年为78.5万元，1998年为350万元，2008年上升到1 600万元。1978年购买图书8万册；2008年除购买36万册图书、4万多种报刊外，还购置了多种大型数字化资源，如中国学术期刊全文数据库、龙源期刊数据库以及中国基本古籍数据库等，读者不仅可借阅印刷文本的图书文献，还可通过网络查检阅读数字化信息资源。

特别值得一提的是，市政府非常重视首都图书馆特殊文献资源建设，除了转赠有关图书外，还拨出专款购置名家专藏。1988年，市政府将原香山教育图书馆的熊希龄藏书转赠与首都图书馆，计3 523种，36 691册，这些图书多是清末民初的印本，较为珍贵。2000年，首都图书馆接收了著名戏曲研究家、藏书家吴晓铃先生藏书，计22 726种362册及梵文和孟加拉文图书564册。吴氏藏书多为戏曲、曲艺、小说类，其中不乏明清善本，大量的戏曲、俗曲及子弟书、宝卷等抄本中多有未经刊印的珍善孤本，弥足珍贵。对于这批珍贵图书，不少图书馆都意欲得到，由于多方协调和市政府的果断，吴晓铃先生的夫人石素真女士决定把所藏全部图书交首都图书馆收藏。这批图书的入藏，有力地加强了首都图书馆在戏曲、小说方面的藏书特色。

2002年，北京工艺美术研究所机构调整，所藏图书要出售，首都图书馆得到消息后，马上与研究所联系协商，以65万元的价格购得6万多册工艺美术方面的文献。这批文献，专家估价至少升值10倍。

正是由于多方努力，不失时机地接收、转赠、购买，首都图书馆的古籍数量达50万册，其中珍善本数千册。2008年，国务院给首都图书馆颁发了“全国古籍重点保护单位”铜牌。

首都图书馆的藏书由1978年的120万册增长到2008年的500万册，不仅数量上在全国省市图书馆中名列前茅，而且在藏书质量上也有较大提高。近几年每年购置的图书多达8万种，基本上把每年全国出版的新书中适合市民阅读的全部购买了。一位研究经济的专家来馆借阅图书，对我说，不少图书在大学和其他图书馆都查找不到，首都图书馆都能找到，你们的藏书质量属上乘。

在构建文献资源体系的同时，首都图书馆在发掘馆藏为北京市各行业提供文献资料方面做了大量工作。如：1989年为北京市供销合作联合社编印了70万字的《北京市供销合作联合社资料汇编》；1991年为北京市邮政局编印了120万字的《京版报刊上的北京邮政》；1990年为北京市人民银行金融研究所编印了220万字的《北京金融资料》；2004年为北京市文化局编印了800万字的《北京文化艺术年鉴资料汇编》。特别是为北京市地方志编纂工作，整理完成了北京地区工业、农业、园林、卫生、体育、民政、物价等几十个专题的史志资料。北京市地方志办公室副主任谭烈飞2001年在文章中说："是首图的文献资料奠定了我们志书的基础，是首图地方文献部老师们的责任心和工作态度鼓舞着我们编好志书。"

三是服务理念的变化提高了首都图书馆的社会效益和知名度。2003年春节前，我到洋桥看望年近80的退休老职工杨善政，进屋后他情绪激动地让我坐下，要多说几句。杨老师说："我作为首都图书馆的老职工，我高兴，我自豪。以前下楼散步，附近散步的人问，你是哪个单位的，我说首都图书馆的，他们都摇头不知道首都图书馆，没人理我。最近我一下楼，就有人打招呼，说首都图书馆的老杨来了。大家都说，首都图书馆真好，电视上老有首都图书馆的事，晚报、日报有首都图书馆的讲座、展览报道，小区里还能看见你们的流动借书车。有人说，星期六不到首都图书馆听讲座心里没着落。现在大家都愿与我聊天，叫我说说首都图书馆的事。"我与杨老师告别时，他眼中含着泪花，希望首都图书馆越办越好，名气越来越大。

首都图书馆在百姓中认知度的提高，重要是服务理念的变化。2001年新馆开馆时提出了“大开放，大服务”的理念，把服务提升到保障公民平等获取信息权利的高度。为了给百姓提供多种形式的服务，首都图书馆先后策划了“首图讲坛”、“北京记忆”、文化展览、“世界走廊”、一卡通、网络信息共享等一系列新服务品牌。“首图讲坛”自2001年开讲以来，每年举办近千场，到首都图书馆听讲座已成为部分市民生活的一部分，特别是北京历史文化、健康课堂深受百姓欢迎。记得2004年冬天，某个星期五下午5点多，下着小雪。讲课的吉玲老师对家住石景山鲁谷的一位盲人说，天黑了，路这么远，走路小心点。那位盲人说：“吉老师，和你们不一样，黑天白天对我来说都一样，先乘汽车，再转地铁，我道熟。每个星期我都盼着星期五，好来首都图书馆听您讲课。”听后，我潸然泪下，是这些读者促使我们没有理由不把讲座办好。“北京记忆”是继“世界记忆”、“美国记忆”之后，世界上第三个以“记忆”为名的大型历史文化多媒体数据库，其目的是向北京市民乃至全世界展现北京文化的传承脉络。2001年8月，我在美国出席中美图书馆专家高层论坛，代表中国作了专题讲演，会后看到美国国会图书馆正在建设“美国记忆”数字化网站，其内容都是美国历史上的文字、图片和土著部落的资料。我立即想到，北京有3 000年的历史，地方文献收藏又是首都图书馆的特色，首都图书馆也应该建设“记忆”工程，以展示北京的历史和文化。把这一想法和副馆长兼地方文献部主任韩朴同志一说，他几乎跳跃起来，说太好了，摸索了十几年，总算有了响亮的题目了，这一下在全国开了先河。经过6年的建设，完成了《北京文汇》《旧京图典》《京城舆图》《京华舞台》等

10多个栏目，生产的数据达4TB，奥运会前开通了英文网站。文化展览包括国内及世界各国的内容。首都图书馆和各驻华使馆保持着密切联系，各国的文化展览基本上都选择首都图书馆为场所。市民借此开阔了眼界，了解了各国风情；我也和一些国家的大使馆官员成了朋友，每逢他们国家的国庆都邀请我出席他们的庆祝晚宴。为了有效开拓空间，利用三至八层中间的走廊，首都图书馆为和中国建交的每个国家分别制作了一个展台，介绍各国的政治、经济、文化等重要信息，使读者一走进图书馆就能有所收获。目前，首都图书馆已搭建起服务到社区、村镇的信息化服务平台，数字化信息服务做到到村到户，极大地方便了百姓上网阅读的需要。

据统计，1978年，首都图书馆每年流通图书的册次为55万册，人次25万；1990年为85万册，人次18万；2007年为239万册，人次285万。开馆时间1978年为每周64小时，现在每周73.5小时，全年向社会开放。20世纪90年代，首都图书馆在全国的地位排在省市图书馆的20名之后；经过努力，在2004年文化部组织的全国省市公共图书馆综合评估中，首都图书馆的总成绩名列前茅，首都图书馆的工作及服务得到同行及市民的肯定。

未来的10年，首都图书馆面临着新的发展机遇，让我们一起期盼首都图书馆在倡导读书、传播知识、提高市民文化素质方面做出更大成绩。

我与首图*

第一次看到首都图书馆是在北京市的地图上。 1975 年 8 月当我拿到北京大学录取通知书时，找来北京市的地图，看看北京大学在什么位置。 因为本科是图书馆学系，对“图书馆”三个字特别有感情，无意中在市中心靠北的位置看到“首都图书馆”，印象非常深刻。

第一次来到首都图书馆是在 1979 年夏天，当时在武汉大学读图书馆学与目录学的研究生，需要查找民国时期的期刊。 走进首都图书馆大门，觉得很新鲜，环辟雍走了一圈，优雅的环境给我留下美好的记忆。

第一次和首都图书馆的老师交流是在 1982 年。 当时我刚到北京师范大学图书馆专业任教，主讲《中文工具书》《目录学概论》两门课程。 北京大学朱天俊老师也主讲这两门课。 朱先生应邀来首都图书馆讲授“工具书使用方法”，叫我一同来首都图书馆进行交流。 接待我们的是冯秉文、李烈先、杨善政三位老师，交谈中得知冯秉文和李烈先两位老师都是北京大学图书馆学

* 原载于《启迪民智　书脉传承：首都图书馆建馆百年纪念文集》，学苑出版社，2013 年 9 月。

系毕业的，感到特别亲切。其间和冯秉文老师谈到目录学及书目之书目等问题，受益匪浅。

20世纪80年代中后期，因中央电视大学开设图书馆学专业，其中有《中文工具书》及《目录学》两门课，受周心慧先生之邀，经常来首都图书馆辅导，结识了馆里的许多同行。印象中首都图书馆的同行无论是穿着还是饮用的茶都比我层次高。

20世纪90年代，我经常来首都图书馆讲课，结识的同行越来越多。也许正是这个缘由，2000年的下半年，市文化局冯守仁副局长在黄海燕老师的建议下，动员我到首都图书馆工作。山东有一句话，叫做："听人劝，吃饱饭。"既然北京市文化局领导看得起我，我就来试一试，把理论用于实践。经过张和平局长及冯守仁副局长的诚心工作，又和时任北京师范大学校长的袁贵仁先生解释沟通，我于2000年12月18日正式走进国子监，来到首都图书馆工作，开始人生中新的一段工作旅程。

蓦然回首，来首都图书馆工作已是第13个年头。10余年间，我和首都图书馆同仁共同梳理办馆理念，共同把读者服务作为立馆之本，共同把品牌建设作为创新的使命，共同把提高社会影响力作为重要的工作目标，也共同见证了首都图书馆10多年的辉煌。

回首走过的10余年，感慨万千，因为经历了太多太多。在纪念首都图书馆新馆服务百年之际，撮其要，仅和大家交流记忆中的几件事。

1. 关于首图二期建设

在我们庆祝和纪念首都图书馆新馆开馆十周年之时，首都图书馆二期工程的一座新馆已矗立在世人面前。二期建设中，北京市委、市政府及文化局的领导给予了直接的指导和帮助，市发改委、财政局及社会各界给予了大力支持，首都图书馆全体员工倾注了极高的热情，凝聚了大家的智慧和心血。

2001年5月25日，首都图书馆新馆举行隆重开馆仪式。北京市委、市政府和文化部的几位主要领导都出席了开馆典礼。典礼前，在贵宾室我汇报了首都图书馆新馆的布局规模以及“国内领先、国际一流”的办馆目标。当我汇报到现在3.7万平方米的建筑面积还不能完全满足市民文化学习及功能要求时，市委书记问：倪馆长，新馆后面还有空地吗？我说，现在的建筑占地1/2，已预留了扩建的土地。书记笑着说，你向市长要钱吧。我转向身边的市长，市长马上说，建个10万平方米的大馆吧。开馆典礼后，根据市委书记及市长的指示，首都图书馆立即向市发改委提交了建设首都图书馆二期工程的报告。

在推进首都图书馆二期建设中，北京市委、市政府及文化局的领导非常重视。2004年2月13日，市委领导主持召开了首都图书馆二期工程立项工作会议。北京市政府和市委宣传部的主要领导都出席了会议，发改委、财政局等委办局的领导也出席了工作会。我详细汇报了二期建设的依据、功能定位以及必要性，与会领导一致同意马上立项建设，并指示抓紧做好首都图书馆二期各项工作。会后，经过多次调研论证及多渠道努力，2005年11月3日，首都图书馆二期暨市方志馆工程正式立项。在立项过程中，我作为市人大代表先后和市长副市长面谈建设首都图书馆二期之事。按照会议安排，每年大会召开期间，市各委办局要接受市人大代表、市政协委员的咨询。2005年初，我提前赶到设在北京会议中心市发改委的咨询台前。正在和发改委的值班主任交谈，市长及几位随同人员走了进来，问我咨询什么问题。我说，首都图书馆二期已调研论证几年了，始终没有正式立项，北京作为文化中心，在基础设施建设方面已落后于其他省市。市长对我及发改委的同志说："我和书记已经同意了，放心吧。"2004年，出席北京会议中心的一个专题论证会，正巧主管市长也在同组讨论，借会议休息期间，我把二期的必要性及进展向市长做了汇报，他爽快地答应促进二期立项。会后，市长还寄来了他著的《文化产业理论与实践》一书，并在扉页上签了名。2005年，在北京会议中心的一次代表会议上，路上巧遇时任发改委主任，我说："主任，首图二期什么时候能立项？市长都同意了。"他马上打电话催办。在和市政府领导的交谈以及办理我提出的《关于加快首都图书馆二期工程建设的意见》提案中，各级领导对首都图书馆二期都非常重视，对北京市的公益性文化事业特别关注。

因为首都图书馆二期建设为代建工程，工程建设由代建单位负责，又因为工程的使用单位为两家，除首都图书馆外还有市方志办公室，鉴于市发改委、代建单位、首都图书馆、方志办几方面考虑问题的角度不同，为了沟通协调，设立了联席会议制度，2006年以来召开了上百次的协调会。邓菊英馆长作为二期建设的主管馆长，付出了心血，贡献了智慧。作为馆长，我要向她及她的团队发自内心地说声："谢谢！"

2. 关于服务品牌

首都图书馆新馆开馆服务伊始就向社会宣布，这里没有门槛，欢迎所有人来阅读休闲，并提出“大开放、大服务”及“三个层次并举，五种服务结合”的服务理念，把为百姓服务提升到维护社会公平、保障公民权益的高度。

除了全国图书馆普遍提供的读者服务内容及方式外，要在服务上有特色、上层次，必须根据资源条件及百姓需求策划创新服务，建设打造自己的品牌。经过努力，首都图书馆10年来先后创建了“北京记忆”、“世界走廊”、“首图讲坛”、“文化展览”、“一卡通服务”、“少儿动漫”、“奥运记忆”等服务品牌。

“北京记忆”是首都图书馆创建的大型历史文化多媒体资源数据库。它依托互联网技术，向北京市民乃至全国、全世界展示北京的历史和文化，作为地方文献数字化的“记忆”工程，在世界上为首创。2001年8月，我应邀出席由美国主办的中美图书馆高层论坛，在此期间到美国国会图书馆参观，了解到在数字图书馆建设中的“美国记忆”计划。首都图书馆有系统丰富的地方文献收藏，这些珍贵文献既可为百姓了解北京历史提供便捷途径，也可为政府提供背景资源和决策依据，同时也能为人文奥运贡献素材。当我把“北京记忆”这一想法和时任地方文献部主任的韩朴交流后，他两眼放光，停了几秒后，说出一句话：“这回咱们的地方文献可有出头之日了！”交谈中，韩主任非常激动，不时闪着泪花，看得出，他的事业之心和压抑之情在这一刻迸发出来。我也是个性情中人，和他一样激动。他马上组织人马，注册网站域名，经过栏目策划、选定技术方案等工作，很快“北京记忆”的建设驶入快车道，并在全国以及世界产生了广泛的影响。在“北京记忆”的影响下，香港、澳门地区相继开展了“记忆”工程的建设。

记得时任文化局副局长的冯守仁同志一直关注首都图书馆的数字资源建设。由于新馆刚开始服务才逐渐走上正轨，他没好意思直接跟我说。一天，他找到我说，首都图书馆开馆几个月了，业务工作、服务工作做得不错，在全国也有了个好的影响，但数字图书馆建设和其他省市有较大差距。我回答说，共性的文献数字资源可以用钱买到，关键是特有的个性化的数字资源需要自己建设。现在咱们已启动了“北京记忆”，利用首都图书馆地方文献系统全面的优势，把与北京有关的文字、图像、音视频文献数字化，为北京的文化中心建设服务。冯局长听后非常高兴，说“那我就放心了”。现在和冯局长谈起当时的情景，他还记忆犹新。

“首图讲坛”是首都图书馆10年来不断完善提高的服务品牌。首都图书馆有举办讲座的传统，在国子监时期就经常举办各种讲座；到新馆后主要考虑的是如何进一步提高层次，形成讲座系列，把规模做大，扩大社会影响，通过讲座这种服务形式把市民吸引到图书馆来，汇集人气。

图书馆的重要职能就是教育，许多国家都把图书馆作为教育的机构。江泽民同志曾说，公共图书馆是人民终身学习的学校。通过讲座，可使市民获得知识，提高素质修养，丰富百姓的文化生活。

为了把“首图讲坛”办成服务品牌，我们专门设计制作了“首图讲坛”讲台，积极策划了适合老年人、少年儿童及适合大众口味的系列讲座。当时没有专门的部门负责，其职能设在典阅部，由韩丽同志负责。记得当时每周五下午有个“健康课堂”，一位视障患者家住石景山的鲁谷，下课后老师关心地问他，天这么黑了又这么冷，你怎么回家啊？ 那位视障听众说：“老师，没问题。 和你们不一样，对我来说黑天白天都一样。 我每次坐地铁回家的路上，总惦记着下个星期五再来听您的课。”每每向他人讲起这个故事，我都眼含热泪。 为了对得起百姓，也为了拓展图书馆服务功能，首都图书馆地方文献中心和北京社科联、北京史研究会又共同策划了“乡土课堂”系列讲座；在“在活动中学习、在参与中提高”的理念指导下，策划了适合青少年及低幼儿童的系列讲座。 成立“宣传策划部”后，“首图讲坛”不断开拓创新，无论在讲座的内容上、听众的数量上，还是师资的层次上，都有了长足的发展，在全国公共图书馆中处于领先地位。

首都图书馆的“世界走廊”为读者提供了一扇了解各国的窗口，深受读者和同行称道。 它的设立是受到毛泽东同志一句话的启发。 毛泽东曾说： 我之所以知道世界之大，是因在湖南长沙师范学校图书馆墙壁上挂着的一幅世界地图。 我想： 首都图书馆的馆舍从二层到八层有玻璃旋廊，何不把这个空间利用起来，将每个国家的政治、经济、宗教信仰及国旗、国歌等信息做个展板，给过往的读者提供浏览的基本信息，营造信息的环境，使读者一走进图书馆就有收获？ 我说这也是“未读之获”的一个内容。 在地方文献部门的努力下，一个色彩斑斓、信息简约、独具魅力的“世界走廊”很快矗立起来，其社会效果超过原来的预期。

3. 关于代表、委员履职

我作为文化界的市人大代表和市政协委员，10 年来，围绕北京市公共文化服务体系建设，加快全覆盖公益性文化服务，提高北京市公共图书馆服务水平，每年提出1—2项建议及提案，建议政府及有关委办局更加关注公共图书馆及文化设施建设。

在担任北京市第十二届人大代表期间，我先后提出了《关于支持基层图书馆专项资金集中由首都图书馆统筹使用的建议》《关于高校图书馆面向社会开放的建议》《为了孩子们的未来——关于在中小学校把“文献信息检索与利用”列入必修课的议案》《构建覆盖全社会的公共文化服务体系的重要保证——关于在新城建设规划设计中设立图书馆的议案》以及《关于制定社区、行政村图书室建设规范的建议》等。

关于高校图书馆面向社会开放的建议，其主要动因一是高校图书馆应该对社会承担服务职责，它的文献资源属公共资源，它的职能也是为了教育民众，与公共图书馆同属教育机构，不能因为校内、校外等客观原因把服务断开；二是为了构建全覆盖的公共文献服务体系，北京市政府对公共文化服务体系非常重视，仅凭公共图书馆一个系统构建不现实，高校系统必须参与。与此同时，我还呼吁中小学校的图书馆也应临街建立图书馆（室），对社区民众开展文献服务。通过沟通，市教委表示在今后的工作中会积极推进图书馆资源共享，鼓励各学校图书馆在服务教育和科研的基础上对社会开放服务。

关于在中小学进行文献检索与利用教育的建议，是根据教育面向未来以及素质教育的要求提出来的。我国教育中的一大弊端就是不重视素质能力的教育和培养，缺乏“授人以渔”的教育理念。为了便于实施，我特别把小学、初中、高中三个级别的教学目的及要求进行了表述。

关于在顺义、通州、亦庄三个重点新城建设中要把公共图书馆列入规划的建议，是为了构建和谐、宜居的新城区。建议根据国际发展趋势及北京市社区图书馆建设的实践，新城区建设中可按1万人口150平方米的规模设计区域图书馆，图书馆的布局应以人口数量、距离间隔等因素建立规模适中的区域图书馆。在和北京市规划委员会的交流中，我特别强调构建全覆盖的公共文献资源服务体系是现代城市建设的重要内容，也是北京城市发展定位的必然要求。市规委对建议较为重视，对三个新城区的图书馆建设规划给予了答复。

在担任北京市第十一届政协委员期间，我先后提出了《保存和展示奥运文献、继承奥运遗产、弘扬奥运精神》《关于鼓励社会力量投资兴办公共图书馆（室）的建议》《关于加快首都图书馆二期暨北京市地方志馆工程建设的建议》以及《关于保障北京市公共图书馆工作人员经费》等议案。

自2001年7月13日北京奥运会申报成功开始，首都图书馆就开始了奥运文献的收集工作，经过数年努力已初具规模。2008年奥运会成功举办，首都图书馆决定策划建立“奥运记忆”多媒体数据库。但是，多年来收集的多是公开的奥运资料，在申办、筹办、举办过程中，政府、相关组织、机构以及个人产生的大量文献资料首都图书馆无从收集，要建设“奥运记忆”这样一个大型数据库，需要官方、相关组织以及个人的文献支持；为此，我向政府及相关组织提出建议，把首都图书馆作为奥运文献及实物的存放单位，让奥运永远存放在市民的记忆中。

公共图书馆是公益性文化服务单位，在国家文化要大繁荣、大发展的战略布局中，公共图书馆要回归到服务免费、人人平等，以图书馆均等服务体现社会公平、保障百姓权益的职能上来。近年来，北京市的公共图书馆实现了免费服务，但图书馆人员的经费出现了较大的缺口，为了保证公共图书馆免费服务的质量及常态发展，我在会议上提交了保障公共图书馆工作人员经费的议案。北京市人力资源和社会保障局答复，正在着手研究公共图书馆人员编制标准及加强人员编制与经费动态管理等问题；并回复要积极配合相关部门，健全公共图书馆经费保障机制，完善公共图书馆内部管理体制，加强对区县的指导，为首都公益性文化事业的发展提供更加有力的保障。

十多年中，收获的不仅有记忆，更有首都图书馆事业的蓬勃发展、同事的体谅和帮助、领导的关心和支持。那些更多与我、与首都图书馆有关的记忆，有待将来整理后与大家分享。

学业路上的恩师：朱天俊*

今年7月29日下午，在我去北医三院的路上接到朱天俊先生女婿石顺科的电话，说先生已驾鹤而去。当我赶到时，整容师正在为先生整理面部。我手扶先生的颈部，抬高枕头，并与小石一起将先生放入冷冻箱。此时，除了悲痛，先生的许多教诲与往事不时在脑海中闪现。从1975年到2013年的端午节，在近40年的从业生涯中，先生一路指点迷津，教我如何学习怎样教学，教我做人做事，教我敬业求新。先生的离去再有疑难可问谁？

我1975年9月入北京大学图书馆系学习，当时系里规定，老师实行跟班制。朱天俊先生、赖茂生先生、郑伟章先生、陈秉才先生等负责我们75级，陶真老师为支部书记、班主任。老师不仅承担教学任务，而且参加班组的政治学习及各种活动，学生和老师几乎天天在一起。朱先生经常到31楼学生宿舍参加我们的活动，最初的印象是和蔼可亲、平易近人，和学生交谈起来有气质、有修养。他讲授的《中文工具书》，边讲边实习，特别受学生的欢迎，尤其是手把手讲授的各种历法年月日的换算，当时的语言和动作现在回想起来历历在目。先生的讲授技巧我全部用

---

* 原载于《图书馆》，2013年第6期。

于后来的讲课中，加之先生以后的指点，1986 年，我讲授的“工具书使用法”在北京师范大学青年教师教学竞赛中总成绩名列全校第三名，并在全校做教学方法的经验介绍。

1977 年 5 月，朱先生带我及其他十几名同学到山东省图书馆毕业实习，实习的内容是为基层图书馆工作人员讲授《中国图书馆图书分类法》。当时《中图图书馆图书分类法》属新生事物，刚在全国进行普及推广，既无教材，也没有辅导资料，如何站在黑板前向地县级图书馆员讲解，同学们都有畏难情绪。朱先生倒是很乐观，鼓励大家要有信心，只要认真备课，每个人都能讲好。在朱先生的指导下，我们先是列出大纲，然后补充内容，并进行上台前的试讲。经过朱先生精心的指导和同学们反复的试讲，我们这些没有走出校门且知之甚少的学生都走上讲台，有条不紊地完成了讲授任务，并受到山东省图书馆及基层工作人员的一致好评。实习结束后，朱先生对我说：“你们代表的是北大，不能丢了北大的面子，更不能让听讲的人没有收获。”先生的这种集体荣誉感和职业操守对我后来的工作影响很大。

近一个月的实习，我与先生背着行李卷儿，先滨州、广饶、掖县，后青岛、济南，朝夕相处，在滨州住大礼堂地板，在广饶住在县城小庙的偏房里，铺上草垫子，打开自带的被褥，无话不谈。生活虽然艰苦，但朱先生很是达观。每到一地，朱先生都要给太太徐瑄瑄老师写一封信，并说：“徐老师和小玲（女儿朱彤的乳名）跟我吃了不少苦啊，我倒没有什么，只要有份工作，到哪里都行。”朱先生还开玩笑地说，生活上有瓶啤酒和鸡爪，能有个澡洗就行了。朱先生曾和我不止一次地讲述他在江西鲤鱼洲干校的痛苦经历，说：“我之所以能坚持下来，在任何情况下我坚信两条：一是要向鲁迅那样，‘横眉冷对千夫指，俯首甘为孺子牛’；二是听党的话，争取成为其中一员。不管别人怎样看我，对待我，我始终坚持这两条。”先生的信念和坚持是一贯的，无论在蔚秀圆18公寓309室，还是在中关园47号楼509室、45楼504室，写字台的玻璃板下面，鲁迅的“横眉冷对千夫指，俯首甘为孺子牛”条幅和周恩来总理病中斜坐的彩色全身照一直没有换过位置。先生的坚持在20世纪80年代中期得到了验证，他在教学、科研工作中甘为孺子牛的执著精神和永远跟党走的共产主义信念赢得同事及党组织的肯定，1984年学校任命他为图书馆学系副主任，1985年先生加入了中国共产党。先生这种达观、坚持的精神，值得我们永远学习。

1977年6月，李纪有、洪一龙老师分别找我谈话，要我毕业后留校工作。因刚从山东省实习回来，我把这一情况告诉了朱先生。先生鉴于“文革”中自身的经历及山东省图书馆欢迎我回家乡工作的情况，权衡后建议我到山东省图书馆工作，并说：“那里人热情朴实，你可以安心地做书目工作或地方文献工作，一定能做出成绩来。”7月初我到山东省政府人事局大中专院校分配办公室报到，不料将我分配到山东师范学院聊城分院图书馆。朱先生得知后很是意外。经过努力无果后，我不情愿地接受了社会复杂这个严峻的现实。聊城分院的领导及图书馆的工作人员对于我的到来很是欢迎，关怀体贴无微不至。因是青年教师，需加强锻炼，10月份我到了山东省农业学大寨高唐县赵庄公社工作队。10多位刚毕业的大学生住在一起，白天下村劳动，晚上在一起聊天谈未来。其间，朱先生的信件频繁，鼓励我趁年轻打好基础，未来的路还很长，任何事情都是变化的，无论在哪里都能做出成绩来，千万不要泄气。工作队的其他队友看到来自北京大学同一笔体的信件，就会说“你的朱老师又来信了”。他们为我有这么一位恩师很是羡慕。

1977年年底，朱先生来信告诉我：全国要恢复研究生招生，武汉大学图书馆学系彭斐章先生招收目录学硕士生，你的条件不错，可以报考。获此信息后，我非常兴奋，即刻准备外语，并于1978年3月初又回到北大复习。在学生宿舍非常紧张的情况下，李纪有老师帮我在31楼4层安排了一个床位，让我安心复习备考。在两个多月的复习期间，朱老师几乎每周都来指导，面授复习重点和方法。武汉大学开列的参考书有姚名达的《中国目录学史》、余嘉锡的《目录学发微》及刘国钧先生的《中国图书史》等，这几部书及王重民先生《目录学》油印本教材和20世纪五六十年代刊物上发表的目录学文章，我都反复研读，并以朱先生的重点法列出问题，自问自答，全面备考。最终在70多名参加考试的考生中，我以总分第三名的成绩取得复试资格，并于同年6月底顺利通过复试面试，成为武汉大学图书馆学系的第一届硕士研究生。

在武汉大学的3年间，正值教育部组织北京大学、武汉大学两校编写《目录学概论》教材，编写人员由北京大学的朱天俊先生、孟昭晋先生、陶真老师及武汉大学的彭斐章先生、谢灼华先生组成。为编写这部全国的教材，两校非常重视，朱先生等经常来武汉大学讨论大纲、书稿，我也就有了更多的机会向朱先生求教。包括硕士论文的选题，刘向、刘歆的目录学思想，《七略》的编纂，中国目录的起源等论文的写作，朱先生都给予了指导。其间朱先生曾提醒我：“你们四位研究生，乔好勤、张厚生、惠世荣他们三个都是老大学生，长你10岁，他们写作研究有基础，你要提前准备硕士论文，这才能主动。”按照先生的指点，我笨鸟先飞，提前一年多为毕业论文做准备，1980年的暑假天天奔走于北京大学图书馆、北京图书馆、清华大学图书馆，把检索到与目录学、文化史、学术史有关的论文进行了周遍性的阅读和大量的摘录，边搜集资料边构思论文并着手撰写。由于下手早，1981年年初当10多万字的初稿送到彭斐章先生和谢灼华先生面前时，两位导师由衷地高兴，并赞许我刻苦努力，肯下功夫，年纪虽轻却选了《汉书·艺文志》这个目录学史上最早的书目做论文课题，称赞我的进步为其他学生做了个好榜样。在彭斐章先生、谢灼华先生的指导下，在朱先生的关怀下，我顺利完成了研究生学业，为以后的教学科研打下了基础。如果说我今天能在教学及图书馆工作中做出点成绩的话，起点和功劳应归功于三位导师。

1981年我研究生毕业后到北京师范大学图书馆学系任教，主讲的《目录学》和《中文工具书》两门课与朱先生在北京大学讲授的课程相同。先生经常在教学内容和讲授方法等方面给予我启迪。如关于提要的撰写，为了让学生既继承古典目录学的优良传统，又能全面掌握提要的编写方法，我按文献类型分别讲授编撰要点，先生说这样讲授就比以前笼统地讲深入生动多了。经先生的这一点拨，我不仅把各类文献提要的编写用于课堂讲授，更在《书目工作概论》(北京师范大学出版社1990年)一书中将它作为节、目写入教材。1986年先生带我合编了《中文工具书参考资料》(北京师范大学出版社1986年)。1995年先生又计划与我合编一部《中国目录学教学参考资料》，我请启功先生题写了书签，启先生对目录学既有深入的研究又对目录学的讲授非常重视，一连题写了四幅叫我选用。后因朱先生健康原因，这部书至今没能出版，成为先生生前的一件憾事。

2001年，我到首都图书馆工作，那段时间忙于新馆的搬迁及开馆典礼，只能电话中向先生汇报当时的工作状态。先生说："我倒是想像你现在这样的忙，而不希望像我现在这样的闲。"后来，先生从首都图书馆老馆长处了解到我的所作所为，并得知老馆长给予我充分肯定时，非常高兴，马上打电话来鼓励我说："看来先教学后到图书馆工作比一直待在学校更能发挥作用。"先生虽然退休在家，但始终关注着终生从事的图书馆学事业，始终关注着我这个学生。

从步入大学，到研究生，再到大学执教，直至到首都图书馆工作，在我学习、工作的每个时期及节点上，先生一直在指导我，关注关心我。在我人生的道路上有这样一位恩师，是我一生的幸福和荣耀。

同门学兄张厚生*

厚生兄英年早逝，使我失去一位良兄益友。每每提及，伤心万分。同届及后几届的学弟学妹以及认识他的同行先辈后学都为他的过早离去感到悲伤惋惜。我们的导师彭斐章先生、谢灼华先生更为失去一位勤奋上进的高徒痛惜不已。

1978年，国家恢复研究生招生制度，那年图书馆学系只有武汉大学有研究生招生资格。经过5月份的考试及6月底的复试，最后我与乔好勤、张厚生、惠世荣四人被录取，成为恢复高考后首批图书馆学系目录学专业硕士研究生，学制三年，实则三年半才毕业。1981年12月，我们四人毕业分配到了四个城市，乔好勤留校在武汉大学图书馆学系执教，张厚生分配到南京工学院（现在的东南大学）图书馆，惠世荣分配到天津商学院，我则到北京师范大学图书馆学专业执教。彭斐章和谢灼华两先生高兴地说："你们四人天（天津）、南（南京）、汉（武汉）、北（北京），走向新的岗位，要继续学习研究，在目录学领域要有新的建树。你们虽然毕业了，武大永远是你们的学校，你们四人也要

* 原载于《书海一生击楫忙——图书馆学家张厚生先生纪念文集》，东南大学出版社2013年9月。

像在学校一样，经常联系，互相鼓励。”恩师的嘱托虽过去了30余年，其音容笑貌就像昨天发生的一样。不幸的是30年间，同门四兄弟惠世荣、张厚生两学兄已先后过早辞世。我与乔好勤学兄见面或通话都不愿意承认这个现实，更不忍长谈两位学兄的往事。

我们四人中，乔好勤、惠世荣两学兄是62级大学生，张厚生学兄是63级大学生，我则是20世纪70年代中期的，在年龄上小他们近10岁。因为年龄小且未婚，他们三位在学习上、生活上都非常照顾我。当时学校条件差，研究生宿舍在四区12舍，和武汉水电学院近邻。我们四人在二层楼梯西侧朝南的一间房，有三张双层床，我与惠世荣上下床，乔好勤在靠窗的一张床，张厚生在门口后边的那张床，上床放着厚生兄的箱子和杂物，在这10余平方米的宿舍里我们朝夕一起，共同度过了三年多的同窗生活。

厚生兄给我印象较深的有这样一些往事：

他办事认真，上进好学。鉴于厚生兄20世纪60年代就是武汉大学的学生，对学校比较熟悉，有不少同学已是学校的教师和领导，加之他对大家的事非常热心，所以入学之初就被大家推举为研究生学生会副主席。因为是首届研究生，各方面的事务特别多，诸如住宿条件、灯光照明、公共课的老师、食堂卫生、生活补助以及周末舞会等都反映到学生会，学生会再与校方协调。在校方与研究生之间的沟通方面，厚生兄热心为大家服务，尽最大努力为研究生谋福利，他的工作得到大家一致好评，三年间连选连任。为了弥补失去的时间，厚生兄几乎每天晚上都要学习到熄灯后才回宿舍；又怕影响我们三人休息，进房间后从不拉线开灯，只是习惯性地在床单上面用手“呼呼”刷两下，然后就脱衣入睡。他的这一习惯，坚持了三年，天天如此。

为了培养我们四人的基本功，为以后的科研能力打下好的基础，彭斐章、谢灼华两导师给我们布置了一份大作业——编一套《目录学研究资料》，要求从历代文献中摘录有关目录学研究的要道之言及重要的片断资料。当时没有计算机之类的现代化设备，系办公室只有一台复印机，因为是摘录各种纸质文献的片段原文，所以我们四人只能在阅读大量文献的基础上，把认为重要的部分一字一字地摘抄出来。厚生兄特别认真，天天泡在图书馆书库里，有几次图书馆的工作人员下班时差点误把他锁在书库里。那位管理员经常说：就你们目录学的几个研究生用功读书，尤其是那个张厚生，成天在书库里，查阅的书又多，读研究生真不容易啊！在摘录资料时，厚生兄比我们三人有经验，他用复写纸摘录，一份交导师作为作业，一份留存自己作为个人研究之用。后来，我亦学步，积累的资料多了，装订成册，成了手稿资料库，对以后的工作与研究发挥了不少的作用。经过近两年的全覆盖拉网式的查找与阅读，既为每个人的目录学研究积累了素材，也为以后的科研能力打下坚实的基础。两位导师非常珍惜我们的劳动成果，把那些作业先后内部印刷和公开出版，即现在大家都能看到的《目录学研究资料汇辑》和《目录学研究文献汇编》。

厚生兄学中有道，在查阅摘抄大量资料的同时，就开始思考毕业论文的选题方向。记得第三学期，导师要我们四人提出论文方向，在讨论会上，厚生兄胸有成竹，准备以专题书目为题进行研究，他的想法马上得到导师的肯定和鼓励。由于下手早，动手快，他的论文写作较为顺利。除了毕业论文，他还有几件副产品，先后发表了几篇有水平的研究文章，其中包括鲁迅、郑振铎的目录学思想等。

他为人谦和，热爱生活。与厚生兄最早相识是在1978年6月底的武汉大学体育馆。前来复试的研究生都睡在体育馆的地上，每人凭复试通知书领一张草垫子。那年天气非常闷热，每天预报为38℃，实则有40℃，穿一条短裤还嫌热。每个系的考生相对集中，初次相识，厚生兄就有兄长风度，因戴一副高度近视镜，更显出他的睿智和成熟。虽是竞争对手，但是我们彼此的复习资料都不保密，我让他看北京大学图书馆学系各位老师在“五四”学术讨论会上的论文，他让我看武汉大学20世纪60年代图书馆系的内部油印教材，有时还就一些名词定义交换意见。我们之间毫无戒备之心，都希望对方考出好的成绩。几天的复习考试，我们成了好朋友，笔试面试结束后便相约乘船顺江而下，到庐山、南京一游，一路上谈古论今，无话不说。天下图书馆是一家，在庐山住在庐山图书馆，徐效刚先生用云雾茶招待，白天游含鄱口，在“乱云飞渡”处留影，在“人间四月芳菲尽，山寺桃花始盛开”诞生处谈人生。那时经济条件有限，我俩一天两餐，吃一份几角钱的炒饭。在南京，厚生兄到南京图书馆约我与刚从武汉大学毕业的彭飞先生相识。从武汉一路走来，不知将来能否相遇，更不晓以后命运把我们引向何方，但他的热情和兄长风范令我至今难忘。

研究生学习期间，我们四人都很用功，几乎天天是最后熄灯的宿舍。但苦中也有乐，同学间时常开玩笑，以调节紧张的学习生活。图书馆学专业的况能富先生是黄忠宗先生下一届的研究生，厚生兄与能富兄是大学同学。有一件有趣的事，那就是我与厚生兄吃况先生的美食。况先生当时单身，和武汉水电学院的一位女教师谈恋爱。晚上那位女教师炒好菜送到况先生宿舍，我与厚生兄在楼上等待时机，看到况先生送女朋友出楼口时，我俩就拿着碗筷飞快下楼，从女教师送来的饭盒中取出一大部分饭菜大笑而归，待况先生气冲冲地找上门来时，我俩已把“拿来品”吃完了，因为那位女教师时常送来好吃的，我俩也借机改善了一下生活。从上述趣事，可看出厚生兄虽年近四十，但仍保持一颗童心。

谨以此文感怀亦师亦友的同门学兄张厚生。